Damblon
Frei predigen

Albert Damblon

Frei predigen

Ein Lehr- und Übungsbuch

Patmos Verlag Düsseldorf

für Bastian und Jonas

CIP-Titelaufnahme der Deutschen Bibliothek

Damblon, Albert:
Frei predigen : ein Lehr- und Übungsbuch /Albert Damblon. –
1. Aufl. – Düsseldorf : Patmos Verl., 1991
ISBN 3-491-72240-3

1. Auflage 1991
Umschlaggestaltung: Peter J. Kahrl, Neustadt/Wied
Gesamtherstellung: Bercker GmbH, Kevelaer
ISBN 3-491-72240-3

Inhalt

Motto (frei nach Kurt Tucholsky)

Predige nicht frei – das macht einen so unruhigen Eindruck. Am besten ist es, du liest deine Predigt ab. Das ist sicher, zuverlässig, auch freut es jedermann, wenn der lesende Prediger nach jedem viertel Satz mißtrauisch hochblickt, ob auch noch alle da sind.

Wenn du gar nicht hören kannst, was man dir so freundlich rät, und du willst durchaus und durchum frei sprechen... du Laie! Du lächerlicher Augustinus! Nimm dir doch ein Beispiel an unsern professionellen Rednern, an den Bundestagsabgeordneten – hast du die schon einmal frei sprechen hören? Die schreiben sich sicherlich zu Hause auf, wann sie „Hört! Hört!" rufen...

Entschuldigung

Liebe Leserinnen!

Als ich die homiletische Literatur sichtete, fiel mir auf, daß sie nur vom Prediger und vom Pfarrer spricht. Vielmehr schreiben die Autoren dieser Bücher so. Ihre Sprache ist verräterisch. In der Kunst fand ich kein einziges Bild einer Predigerin. Dabei gibt es sie schon: die zahlreichen Pfarrerinnen in der evangelischen Kirche und die Laientheologinnen in der katholischen Kirche. Deshalb schrieb ich in meinem Manuskript konsequent über den/die Prediger/Predigerin, über die PfarrerInnen und über frau und man in der Kirche. Die ersten Leserinnen haben meine Konsequenz vereitelt. „Das ist zu kompliziert. Der Text läßt sich nicht lesen." Sie haben mich gezwungen, inkonsequent zu werden. Einige Mischformen konnte ich retten. Sie halten das Anliegen einer nicht nur männlichen Sprache wach. Trotzdem entschuldige ich mich bei den Leserinnen und versichere Ihnen, daß ich weiter um den selbstverständlichen und all(sonn)täglichen Predigtdienst der Frau ringen werde.

Albert Damblon

Abb. 1: Ungeheuer, Hans-Georg Rauch

Statt eines Vor-wortes – ein Bild zur Einstimmung

Warum beginnt ein homiletisches Buch mit einem Bild? Steht am Anfang nicht das Wort, vor allen Dingen, wenn es darum geht, wie DAS WORT gepredigt wird? Ist die Homiletik nicht besonders dem gesprochenen Wort verpflichtet? Schauen Sie sich bitte die Karikatur (Abb. 1) an. Sie begleitet mich seit langem. 1981 präsentierte der Zeichner Hans-Georg Rauch eine Auswahl seiner kritischen Bilder im Wilhelm-Busch-Museum Hannover. Die „Frankfurter Rundschau" brachte eine Besprechung dieser Ausstellung. Mich interessierte weniger der Text als das beigefügte Beispiel mit dem Titel „Ungeheuer". Es ist das Bild zur Einstimmung in das vorliegende Buch. An einem Kirchenpfeiler hängt eine vielleicht barocke, überaus große Kanzel. Auf ihr predigt (?) ziemlich gestenreich ein älterer Pfarrer. Viele kennen diese Predigtsituation noch aus eigener Erfahrung, entweder als Prediger oder als Hörer. Dennoch trifft die äußere Beschreibung nicht die Pointe dieser Karikatur. Schalldeckel und Korb erscheinen wie die Kiefer eines riesigen Mauls, das aufgerissen jeden Moment den Prediger zermalmen kann. Er scheint Angst zu haben, weil er sich weit über die Brüstung lehnt, um dem Rachen zu entkommen. Angst, wovor?

Die Verzierungen auf dem Deckel erzeugen die Vorstellung eines Drachenkopfes, so daß die gewundene Kanzeltreppe der gebogene Drachenleib ist. Diese Kanzel ist tatsächlich ein „Ungeheuer", das nicht nur dem Prediger, sondern auch den vor ihm sitzenden Hörerinnen und Hörern Angst einjagt. Ihnen macht die Predigt Angst, die von einem solchen gespenstischen Ort gehalten wird. Sie erleben die Predigt als die Droh-Botschaft eines Drachens, obwohl der Mann auf der Kanzel die Froh-Botschaft Jesu Christi im Hinterkopf hat, sie aber vielleicht wegen seiner eigenen Angst nicht aussprechen kann. Denn den Predigerinnen und Predigern sitzt die Angst vor dem „Drachen" im Nacken. Ist der Predigtstuhl nicht nur ein Symbol für das Predigtgeschehen, das auf ihm stattfindet? Ist die Predigt selbst der „Drache", der PredigerInnen und HörerInnen gleichermaßen verschlingt? Wie entkommt man ihm?

Viele Kolleginnen und Kollegen erfahren ihre sonntägliche Predigtpraxis wie einen Drachenkampf, der sich Woche für Woche wiederholt. Sie versuchen nur noch, einigermaßen zu überleben. Wie die Hörerinnen und Hörer vor ihnen auf den Drachen reagieren, interessiert sie nicht mehr. Es ließe sich vieles aufzählen, was nach ihrer Meinung die Predigt zum Drachen macht. Ich will und kann nicht auf alle Ängste und Befürchtungen eingehen. Sie hängen mit Entwicklungen zusammen, die die Situation des Glaubens und der Gemeinden in unserer Zeit prägen. Eine Tendenz, die ich in den letzten Jahren beobachtet habe, stelle ich bewußt heraus, weil sie mitverantwortlich für das monströse Bild der Predigt ist. Kaum ein Prediger spricht auf der Kanzel oder vom Ambo frei, d.h. ohne vorformuliertes Manuskript, so wie es einmal guter Brauch war. Die freie Predigt erleben Hörerinnen und Hörer sonntags selten. Von Deutschlands Kanzeln wird landauf, landab vorgelesen! Die Predigerinnen und Prediger haben keine Hände mehr frei, um sich hilfesuchend an die Gemeinde zu wenden. Schließlich müssen ihre Hände den Predigttext festhalten. Manchmal meine ich, daß diese Misere die Predigt zum Drachen macht, sowohl für die PredigerInnen als auch für die HörerInnen. Weil die Frauen und Männer auf der Kanzel nicht mehr frei sprechen können, liefern sie sich einer Fehlform der Predigt aus. Sie selbst, nicht nur ihre Hörerinnen und Hörer, leiden darunter. Der Drachen der Lesepredigt geht um, und er verschlingt die Freude an der Verkündigung. Die Predigt als Verkündigung der Frohbotschaft ist freie Rede und sonst gar nichts. Das ist meine These, die ich in diesem Buch behaupte und verteidige. An sie erinnert mich die Karikatur von Rauch. Solange wir Predigerinnen und Prediger uns selbst an vor-geschriebene Texte fesseln, sind wir mitschuldig an einem Drachen, der uns und der Gemeinde droht und der das Bild von Jesus Christus verdunkelt. Deshalb beginne ich einen Drachenkampf. Mit Ihnen zusammen will ich den Drachen der abgelesenen Predigt bezwingen. Töten wir den Drachen, der uns homiletisch viel Unglück gebracht hat. Nehmen Sie dieses Buch als eine Anleitung zum Drachentöten, und vielleicht verstehen Sie jetzt, weshalb ich mit diesem Bild angefangen habe. Es ist ein-sichtig.

P.S.: Wer mehr Karikaturen zur Predigt sehen will, schaue und lese das Buch von *Horst Albrecht* „Predigen“. Sein Werk stellt auf dem homiletischen Markt eine Ausnahme dar, weil es mit Karikaturen reich bebildert ist.

I. Ökumenische Eintracht-Erfahrungen mit Predigt und Homiletik!

„Als der Pfingsttag gekommen war, befanden sich alle am gleichen Ort. Da kam plötzlich vom Himmel her ein Blätterrauschen, wie wenn ein heftiger Sturm daherfährt, und erfüllte das ganze Haus, in dem sie waren. Und es erschienen ihnen Manuskripte aus liniertem Papier, die sich verteilten; auf jeden von ihnen ließ sich eines nieder. Alle wurden vom Heiligen Geist verlassen und begannen trotzdem, in fremden Sprachen abzulesen, wie es auf den Manuskripten vorgeschrieben war. In Jerusalem aber wohnten Juden, fromme Männer aus allen Völkern unter dem Himmel. Als sich das Rauschen erhob, strömte die Menge zusammen und war ganz bestürzt; denn jeder hörte Laute seiner Sprache, aber verstehen konnten sie die Jünger nicht."

Der Autor einer fiktiven Apostelgeschichte scheint sorgfältig beobachtet zu haben. Ihm ist die 2000jährige Zähmung des Pfingstwunders nicht entgangen. Es ist eine Meisterleistung christlicher Dompteurkunst, die bekennende, be-geisterte und begeisternde Predigt zu zähmen und sie in eine sachliche, geist-lose Vorlesung umzuwandeln. Ich weiß, daß ich mit dieser Umformulierung der Pfingstperikope das sonntägliche Predigtgeschehen stark ironisiert habe. Ironie lädt Sie nicht ein, das Buch zu lesen, im Gegenteil, sie provoziert und verärgert Sie. Ich verstehe Ihre abwehrenden Gefühle, weil meine Ironie Ihre Mühen um die gelungene Sonntagspredigt nicht ernst genug nimmt und arrogant wirkt. Dennoch beginne ich mit einer solchen Provokation, weil mich das Unbehagen vieler Hörerinnen und Hörer bedrückt. Mich bewegt aber auch die Sorge vieler Predigerinnen und Prediger, die auf ihren Zusammenkünften die Wirkungslosigkeit ihrer Predigten beklagen und sehnsüchtig das Pfingstereignis beschwören, an das sie sich wie an die gute alte Zeit erinnern.

1. Eigene Erlebnisse

Als Katholik geriet ich durch Zufall in einen evangelischen Sonntagsgottesdienst, der in einer schmucken Zwiebelturmkirche gefeiert wurde. Schon beim Glockengeläut hatte ich keine Konfessionsunterschiede herausgehört, und schnell merkte ich, daß auch an einer anderen Stelle der Liturgie die erhoffte Einheit der Christen verwirklicht war. Zur Predigt bestieg der Pfarrer die kunstvoll verzierte Kanzel, die über den Köpfen der Leute schwebte, und packte dann aus einem Schnellhefter einen Stoß weißer Blätter aus. So weit ich das von unten sehen konnte, waren sie säuberlich in Maschinenschrift beschrieben. Die Art, wie der Prediger das Manuskript herausholte und auf die Ablage, die gar nicht zur Kanzelbrüstung paßte, legte, erinnerte mich an den katholischen Ritus der Verkündigung. Die eng beschriebenen Manuskriptblätter sind das moderne Sanctissimum. Die eucharistischen Gestalten – Brot und Wein – können nicht so wichtig sein wie die vier Seiten Predigtentwurf des Herrn Pfarrers. Kaum, daß mir diese Gedanken durch den Kopf geschossen waren, begann der evangelische Mitbruder mit seinem Ablesen. Er wußte anscheinend nicht mehr, wer vor ihm saß, denn mühsam suchte er auf seinem ersten Blatt die Anrede. Er fand sie schnell. „Liebe Gemeinde!" Für diese zwei Worte steckte er die Nase, vor allen Dingen die Augen ins Konzept. Er bzw. es las ununterbrochen weiter. Manche Ideen, die ich wie von fern hörte, klangen interessant und bedenkenswert. Aber der Prediger war leider viel zu schnell bei anderen Sachen, die er noch aufgeschrieben hatte. Ohne Pause las er weiter und weiter. Ich war froh, als ein deutliches „Amen" den Schlußpunkt der Vorlesung setzte. Dieses winzige Wort war, wie alles andere, abgelesen.

Wie oft hatte ich ähnliches in katholischen Kirchen erlebt. Ökumenische Eintracht! Nicht wenige Priester bereiten sich gründlich auf ihre Sonntagspredigt vor, indem sie zu einem Thema des Evangeliums wohlmeinend eine gut durchdachte Abhandlung niederschreiben. Sie ist meistens nach der deutschen Aufsatzlehre konzipiert. So intensiv vorbereitet schreiten sie zum Ambo, daß die sonntägliche Vorlesung beginnen kann. Da es um das Leben schlecht bestellt ist, betont mancher Prediger falsch und reiht Wort an Wort, Satz an Satz, ohne auf den Sinn zu achten. Ein Pfarrer, der mich in meinem homiletischen Anliegen unterstützt, schrieb mir einmal: „Ablesungen erlebe ich genug... Mitbruder X: ... Das Wort der Frohbotschaft tilge unsere Sünden... Ich lese Ihnen jetzt den Kontext zum heutigen Evangelium vor... Der Mitbruder war 20 Jahre im Amt." Ein anderer Kollege war wütend, als ich ihn auf seine Lesepredigt aufmerksam gemacht hatte. Erbost reagierte er folgendermaßen: „Wenn Sie in freier Rede predigen wollen, dann tun Sie's doch. Aber halten Sie doch nicht Ihr Können für eine unverzichtbare Notwendigkeit für den Predigtdienst. Vielleicht könnte der Heilige Geist viel mehr aus Ihren Worten machen, wenn Sie Ihre Predigt fein säuberlich aufgeschrieben hätten und auch so weitergeben würden." Eine solche Reaktion ist verständlich und typisch, wenn ich die eigene Predigtpraxis vehement verteidige.

Es schmerzt mich jedes Mal: Nachdem der Priester in der Eucharistiefeier das Evangelium verkündet hat, klappt er ziemlich rauh und rücksichtslos das Evangeliar zu. Selbst der liturgisch vorgeschriebene Kuß ist nur noch eine Verlegenheit, bevor er es endgültig und unwiderruflich auf der Ablage verschwinden läßt. Warum hat er es so eilig mit dem Verstecken des Evangelienbuches? Der Prediger braucht Platz, damit er sein Predigtmanuskript ablegen kann. Das Evangeliar, die Heilige Schrift, muß seinem ausgefeilten Predigttext weichen. Das Ringbuch des Pfarrers belegt den Ambo, und die Predigt, die sich nach dem II. Vatikanischen Konzil so biblisch gibt, hat liturgisch jede Verbindung mit dem Evangelium verloren. Das Buch des Wortes Gottes liegt sicher und verborgen auf der Ablage. Sind die Manuskriptpapiere des Predigers wichtiger als das Buch der Heiligen Schrift? An dieser Praxis hat sich nichts geändert, seitdem die Laientheologinnen und Laientheologen manchmal predigen. Es steht mir nicht zu, meine Kolleginnen und Kollegen anzuklagen, und ich bitte Sie, mir nicht zu zürnen, weil ich vielleicht aus Ihrer Predigtpraxis geplaudert habe. Mich bewegt die Frage, wie der Text der Heiligen Schrift wieder zu einem gesprochenen Predigtwort wird, und meine Sorge um die ansprechende Predigt will ich mit den Leserinnen und Lesern dieses Buches teilen, sie Ihnen mit-teilen.

Ich befürchte nämlich, daß die abgelesene Predigt die Ankunft, den Advent des Wortes Gottes verhindert. 17 Jahre Predigtdienst haben mich über die Bedürfnisse meiner Hörerinnen und Hörer aufgeklärt. Sie erwarten die frei gesprochene Predigt, die sich auf den Inhalt und die Hörerschaft zugleich konzentriert. Die freie, überzeugende Rede in der Kirche ist nach Meinung der Gemeinde ein Gebot der Stunde. Als Papst Johannes Paul II. 1980 zum ersten Mal die Bundesrepublik besuchte, haben Frauen Wünsche an ihn formuliert. Eine Frau traf genau dieses Anliegen. „Sonntag für

Sonntag kommen viele Menschen in die Kirche, eine grandiose Möglichkeit, sie zu bilden (im Sinn des Evangeliums); sie wird meiner Erfahrung nach zuwenig genutzt, weil die Priester keine Begeisterung ausstrahlen, die Nöte der Menschen zuwenig kennen oder berücksichtigen, die Gabe der Rede nicht haben" (Leben und Erziehen 11/1980). Einige Jahre später unterstützte ein evangelischer Kreisdekan den Wunsch dieser Frau. Die „Süddeutsche Zeitung" hielt seinen Appell für so wichtig, daß sie darüber berichtete. „Auf den evangelischen Kanzeln droht eine Unsitte einzureißen, die der Ansbacher Kreisdekan Gottfried Naether erschreckend findet: Die freie Rede scheint in Vergessenheit zu geraten. Es wächst die Zahl der Prediger, die sich hinter ihrem Manuskript verstecken. ‚Ich sehe oft nur noch die Frisur, aber nicht das Gesicht', beklagte sich der Oberkirchenrat... Nach Naethers Meinung ist es ‚immer noch besser, wenn einer mal schwimmt, als wenn er mit dem ganzen Konzept untergeht'. Die Gemeinden müßten es als Mißachtung empfinden, wenn der Pfarrer sein Textblatt anschaut statt seine Zuhörer" (SZ vom 30. 1. 1987). Warum leisten sich einige Predigerinnen und Prediger immer wieder diese „Mißachtung" der Gemeinden? In der homiletischen Ausbildung sprechen wir nach jeder Probepredigt mit einigen Gemeindemitgliedern, die sich für ein Predigtnachgespräch Zeit nehmen. Inzwischen wette ich um einhundert Mark, wie die erste Wortmeldung lautet. Sie bezieht sich auf die Art des Vortrags. „Schade, daß er noch so am Blatt klebt!" Oder: „Sie muß sich noch freischwimmen. Es ist noch keine Meisterin vom Himmel gefallen." Solche Voten sind eindeutig, und sie wiederholen sich zu verschiedenen Anlässen. Mir beweisen sie den Wunsch der Gemeinde nach einer freien Predigt, die das volle Leben unserer Sprache einfängt und realisiert. Der bekannte Fernsehpfarrer *A. Sommerauer* hat es einmal folgendermaßen formuliert: „Längst noch nicht ausgestorben sind die Gemeindemitglieder und Kirchenvorsteher, für die eine freie Rede ein wesentliches Merkmal von Qualität bedeutet." (146)

Abschließend behaupte ich, wohl wissend, daß ich übertreibe: Mögen hochrangige ökumenische Kommissionen über die theologische Bedeutung des gepredigten Wortes Gottes streiten, eins schaffen die Predigerinnen und Prediger beider Konfessionen in nahezu einmütiger Geschlossenheit, dieses herausfordernde Wort Gottes durch ihr Ablesen um seine Wirkung zu bringen und damit die Gemeinden und ihre Wünsche nicht ernst zu nehmen! Oh, ökumenische Eintracht!

Haben Sie sich über meinen Erfahrungsbericht geärgert? Wenn ja, warum?
Wie haben Sie sich bisher auf Ihre Predigt vorbereitet? Können Sie die einzelnen Schritte auflisten? Wie sieht Ihr Predigtmanuskript aus? Falls Sie noch nicht gepredigt haben, wie stellen Sie sich Ihre Predigtvorbereitung vor?
Wie erleben Sie als Hörer eine abgelesene Predigt? Stellt diese Form des Redens Kontakt zwischen Gemeinde und Prediger her? Können Sie sich an einen Prediger erinnern, der die Predigt frei gesprochen hat? Was haben Sie von dieser Predigt behalten? Was ist Ihnen aufgefallen?

Aus der Predigtgeschichte: „Ein junger Geistlicher fing einmal in seiner Dorfgemeinde eine Predigt mit den Worten an: ‚Als ich noch Hofprediger in Wien war...' Derselbe hielt sich so getreu an die Predigtsammlung von einem ehemaligen Hofprediger, daß er nicht einmal die Eingangsworte der fremden Predigt veränderte und dafür selbst von seinen Bauern ausgelacht wurde." A. Stolz († 1883)

2. Das Verwirrspiel der Homiletik

Die Homiletik ist an dieser Situation nicht ganz unschuldig. Das Ablesen eines Manuskriptes war mehr oder weniger die Konsequenz der lange Zeit geforderten schriftlichen Vorbereitung der Predigt. Denn „jahrzehntelang war es völlig unbestritten, daß eine Predigt sorgfältig und intensiv auch schriftlich vorbereitet und aufgeschrieben werden müsse" (*H. W. Dannowski,* 157).

Der Altmeister der evangelischen Theologie, *Karl Barth,* bürdete der Homiletik eine schwere Last auf. Ganz durchdrungen von seiner Einsicht in das Wesen des Wortes Gottes stellte er einen enorm hohen Anspruch an die Predigt. Diesen Anspruch konnte er nur einlösen, indem er in seinen homiletischen Seminaren (1932 und 1933) die schriftliche Vorbereitung der Predigt einforderte. „Eine Predigt ist vielmehr eine Rede, die man – und das entspricht allein ihrer Würde – wörtlich vorbereitet und niedergelegt hat. Wenn es schon im allgemeinen gilt, daß wir von jedem unnützen Wort Rechenschaft ablegen müssen, so erst recht in der Predigt. Denn predigen ist nicht eine Kunst, die der eine beherrscht, weil er ein guter Redner ist, und der andere nur dadurch erlangen könnte, daß er die Predigt schriftlich ausarbeitet, sondern die Predigt ist ein kultisches Geschehen, ist der Zentralakt des evangelischen Gottesdienstes, der in enger Beziehung zum Sakrament steht. Nur eine Predigt, bei der jedes Wort voll und ganz verantwortet werden kann, ist ein sakramentaler Akt... Druckreif müßte sozusagen jede Predigt sein, ehe sie gehalten wird" (*K. Barth*, 99). Diesen dogmatisch homiletischen Höhenflug haben viele evangelische Pfarrerinnen und Pfarrer bis heute nicht vergessen, selbst wenn sie inzwischen einem anderen theologischen Grundkonzept anhängen. Barth verbindet die Sakramentalität der Predigt mit dem Wort für Wort ausgeschriebenen Manuskript, weil seiner Meinung nach nur das geschriebene Wort verant-wortet ist. Damit baut er einen Gegensatz auf, der schwer durchzuhalten ist. Wer frei spricht, so wie er es in jedem Gespräch tut, redet verantwortungslos. Wer schreibt und danach spricht, verantwortet jedes Wort. Eine extreme Bindung der Sakramentalität an das festgeschriebene Wort läßt eine überholte katholische Sakramententheologie anklingen, die die Wirkung des Sakramentes an die richtig ausgesprochenen Spendeformeln klammerte. Nicht zu Unrecht warf man dieser Theologie Magie vor. Ich hege den Verdacht, daß Barth in seiner berechtigten Sorge um die Predigt als Wort Gottes den Wert des ausgeschriebenen Manuskriptes magisch überbetont hat. Und er gebraucht starke Worte: „Diese Forderung ist eine absolute Regel für alle" (*K. Barth*, 99).

Es ist klar, daß die Autorität des großen Theologen nachwirkt. Viele Homiletiker haben sich zu einem neuen Ansatz noch nicht durchgerungen. Sie vertreten nur halbherzig das Anliegen einer freien Predigt, die sich vom ausgeschriebenen Konzept trennt. Die Würde des gepredigten Wortes Gottes, die Perfektion, die in der Theologie wichtig ist, und die Sicherheit, die sich alle Predigerinnen und Prediger wünschen, verführen leicht zu einem inkonsequenten Denken. Das neueste Werk der evangelischen Homiletik, 1988 von *Horst Hirschler* herausgegeben, spiegelt diese Tendenz wider. „Ich meine, schon um der Klarheit und Strenge der Gedankenführung willen sollte der Prediger in der Regel für seine Predigt ein wörtliches, schriftliches Manuskript erstellen. Nur daran läßt sich genau überprüfen: Was habe ich eigentlich in meiner Predigt vor? Nur am schriftlichen Manuskript kann ich auch Einzelheiten korrigieren" (*H. Hirschler*, 577). Die Formulierungen verraten das Interesse an theologischer Präzision, die unbestritten zur Verkündigung dazugehört. Aber ist ein schriftliches Manuskript der einzige Weg, streng und klar die Gedanken zu führen? Läßt sich nur am Geschriebenen mein Vorhaben in der Predigt überprüfen, oder hilft das Predigtziel als Kontrolle nicht viel mehr? Trotz oder gerade wegen dieses Ratschlages weiß Hirschler um die verheerende Wirkung des Ablesens. Darüber erzählt er eine Anekdote: „Die Predigt des Pastors war nach meinem Eindruck so übel nicht gewesen. Aber es ist nicht sehr viel bei mir angekommen. Ich wußte nicht so recht, ob es an mir oder am Prediger gelegen hatte. Nach dem Gottesdienst steuerte Wolfgang Trillhaas auf mich zu und sagte nur: Das ist der Ruin der Kirche! Stellen Sie das ab! Daran geht die evangelische Kirche zugrunde. Woran? frage ich. Daran, daß diese Prediger ablesen. Der hat alles abgelesen. Die machen eine Vorlesung. Es ist eine Katastrophe" (*H. Hirschler,* 576). Wie kann man letztlich anders mit einem wörtlichen Manuskript umgehen, als es eben Wort für Wort vorzulesen?

Werner Schütz, dessen Homiletik schon seit 1981 auf dem Markt ist, steht nicht im Verdacht, die abgelesene Predigt zu verteidigen. Wie kaum ein anderer Homiletiker plädiert er für das von der Kanzel frei gesprochene Wort. „Ein wörtlich ausgearbeiteter, schriftlich fixierter, mit der Maschine getippter Text, mechanisch Wort für Wort und Satz für Satz vom Manuskript auf dem beleuchteten Kanzelbrett abgelesen, mag eine Rezitation oder Deklamation sein, vielleicht eine Vorlesung, aber gewiß keine lebendige Predigt, eher ihre Karikatur" (*W. Schütz,* 222). Schütz schenkt den Predigerinnen und Predigern nichts. „Noch nie hat es in der Kirche um die Redekunst so schlimm gestanden wie heute" (*W. Schütz,* 223). Aber selbst er wird sich untreu, indem er diese strenge Ansicht nicht konsequent durchzieht. „Für das Niederschreiben spricht, daß ein Pfarrer, der oft frei und gelegentlich auch improvisiert reden muß, wenigstens sich an einer Stelle verpflichtet fühlen sollte, nicht nur sich exegetisch und theologisch gründlich vorzubereiten, sondern auch die einzelnen Wendungen und Ausdrucksformen zu feilen und zu ziselieren" (*W. Schütz,* 227). Das Vorurteil, nur das Aufgeschriebene sei sorgfältig und gründlich vorbereitet, ist nicht auszurotten. Warum kleben wir so an den Buchstaben und verbinden mit ihnen Qualität und Solidität? Ist dem frei gesprochenen Wort nicht zu trauen?

Die katholische Homiletik gewinnt erst nach dem II. Vatikanischen Konzil den richtigen Schwung. Dennoch zeigt sich in unserer Frage kein Unterschied, ob das Werk vor oder nach dem II. Vatikanum erschienen ist. Zwiespältig, oft widersprüchlich lavieren zahlreiche Homiletiker zwischen der Predigt ganz ohne Manuskript und der vorbereitenden Niederschrift eines wörtlich formulierten Konzeptes. Ein Standardwerk, das am Ende der vorkonziliaren

Zeit erschien, wandert diesen Grat entlang. „Es wäre jedoch falsch, allgemein und absolut das vorherige Niederschreiben der Predigt verlangen zu wollen. Aber andererseits können nur sehr große Meister der konzentrierten Rede sich mit einer Disposition begnügen. Den vielen, die diese Gaben nicht haben, kann daher die vorherige genaue schriftliche Fixierung nicht dringend genug ans Herz gelegt werden. Sonst geschieht nämlich die Arbeit, die vorher hätte geschehen müssen, erst auf der Kanzel: das Suchen nach dem rechten Ausdruck der Gedanken" (*A. Günthör,* 202). Immerhin hat dieser Autor noch ein Problembewußtsein.

Das „Handbuch zur Predigt" (*G. Schuepp*), das 1982, also 13 Jahre nach dem II. Vatikanischen Konzil, auf den Markt kam, widmet unserer Frage keine Zeile. Obwohl dieses Buch den Rang eines homiletischen Grundlagenwerkes beansprucht und auch wesentliche Fragen der Homiletik anspricht, interessieren sich die Autoren nicht dafür, wie auf Ambo und Kanzel gesprochen wird. Es ist schade, daß die beiden wichtigen Beiträge über die Predigtkommunikation mit keiner Silbe auf das Sprechen eingehen.

Insgesamt läßt sich die behauptete ökumenische Eintracht der Predigtpraxis in der homiletischen Theorie wiederfinden. Ein starker Trend zum Ausschreiben des Predigtmanuskriptes verbindet manche katholischen und evangelischen Homiletiker, obwohl der eine oder andere einsieht, wie das Ablesen der Predigt schadet. Die kritischen Stimmen, die die Redesituation jeder Predigt in den Blick nehmen, lassen sich nicht überhören. Abschließend zitiere ich einen großen evangelischen Predigtlehrer und Prediger, *Rudolf Bohren,* der dieses Dilemma klassisch ausdrückt. Er geht von der Niederschrift der Predigt während der Vorbereitung aus, ohne diesen Weg zu problematisieren oder zu hinterfragen: „Nach der Niederschrift der Predigt darf der Prediger mit der Predigtarbeit nicht aufhören. Jetzt gilt es erst recht, sich die Predigt einzueignen" (*R. Bohren,* 381). Warum? Der erfahrene Prediger spürt genau, daß sein Manuskript nicht die Predigt ist. Die eigene Predigtpraxis hat ihn eines Besseren belehrt. „Das Reden erweist sich gegenüber der Vorbereitung als ein Neues: Die Hörer sind da – hoffentlich ...Stand die Predigt auf dem Papier, soll sie jetzt ein Ohr finden, in ein Herz dringen, den Geist schenken, nicht meinen, sondern den, der die Schrift schuf und die Toten auferweckt" (*R. Bohren,* 383). Oh, ökumenische Eintracht! „Ein heimliches Band der Einheit zwischen den Konfessionen besteht vielmehr darin, daß hier wie dort das Fehlen der ‚Zunge' schmerzt" (*R. Bohren,* 34).

Erinnern Sie sich noch, was Sie in der Homiletik gelernt haben? Was bringt man Ihnen heute bei?
Ist das Problem der frei gesprochenen Predigt in Ihren homiletischen Lehrveranstaltungen thematisiert worden? Wird heute darüber diskutiert? Welche Antwort gab/gibt Ihr homiletisches Lehrbuch?
Halfen Ihnen die Vorschläge der Homiletiker in Ihrer eigenen Predigtpraxis?

Aus der Predigtgeschichte: „Es liegt schon in der Idee einer Predigt, daß sie frei vorgetragen, nicht abgelesen werde, indem in ihr gegenüber der versammelten Gemeinde lebendig und unmittelbar das hervortreten soll, was am hellsten und kräftigsten im Innern des Predigers sich regt." A. Stolz († 1883)

3. Eindeutige Stimmen in der Homiletik

In der Homiletik haben sich immer wieder Stimmen zu Wort gemeldet, die dieses rhetorische Verwirrspiel nicht mitgespielt haben. Sie stehen eindeutig und klar auf der Seite der frei gesprochenen Predigt. Im Kampf um eine vernünftige Sprechkultur auf Kanzel und Ambo finden sich evangelische und katholische Bundesgenossen, so daß auch hier die Homiletik ihre ökumenische Eintracht wahrt.

Fritz Schweinsberg hat als Dozent für Homiletik an der Hochschule der Dominikaner in Walberberg das Anliegen der frei gesprochenen Predigt früh vertreten. Seine Erfahrungen in der homiletischen Ausbildung faßte er 1946 in einem Buch zusammen, das sich der Sprecherziehung verpflichtet fühlt und in seiner prinzipiellen Intention bis heute nicht überholt ist. Sein Ausgangspunkt ist die Überzeugung, daß die Predigt eine Rede ist und sich konsequent rhetorischen Gesetzen unterwerfen muß. Aus diesem Ansatz folgert er wie selbstverständlich eine frei gesprochene Predigt: „Wir verstehen also im Rahmen unserer heutigen Sprecherziehung unter dem Begriff Reden grundsätzlich nur ‚Freireden', d.h. sachlich – stofflich gründliche und umfassende Vorbereitung, psychologisch gliedernde Aufteilung, jedoch unmittelbare Wortwendung und Wortauskleidung – unbeschadet einzelner, wörtlich festgelegter Wendungen und Prägungen von entscheidender Bedeutung – im Augenblick des Redens selbst" (322). Durch diese Definition gewinnt Schweinsberg die Freiheit, sich endgültig von einem ausgeschriebenen Manuskript zu verabschieden und sich ganz auf die sprecherische Vorbereitung der Predigt zu konzentrieren. Der Autor wird nicht müde, darauf hinzuweisen, daß die vorformulierte und abgelesene Predigt ein Redemißbrauch ist. Nach seiner Meinung haben wir Deutsche eine liebenswürdige Geduld, den seine Schreibe vorlesenden Prediger anzuhören. Konsequent erzieht die Homiletik zum „Frei-Reden-Können, grundsätzlich eine der Fertigkeiten mit entscheidendem Ausbildungsanteil" (351). Solche Ideen und Einsichten haben in der katholischen Homiletik nachgewirkt, so daß die deutschen Bischöfe die Sprecherziehung und Rhetorik in die homiletische Ausbildung der Priesteramtskandidaten einführten. 1962 beschäftigte sich eine Tagung der katholischen Homiletiker mit diesem Thema, und noch 1970 beruft sich das „Handbuch der Verkündigung" auf F. Schweinsberg und eine „ganze Strömung homiletischer Sprecherziehung". Erst danach geriet sein Ansatz in Vergessenheit, weil in den siebziger Jahren kommunikationswissenschaftliche Interessen an Bedeutung gewannen. Linguistik und Pragmatik bestimmten den homiletischen Fragehorizont, und das Predigtgeschehen wurde sprach-, nicht sprechwissenschaftlich erforscht.

Die evangelische Homiletik entdeckte die Predigt als freie Rede in einem anderen Zusammenhang, der aber für die weitere Entwicklung der Predigtausbildung nicht unwichtig war. *Eckhard Altmann* wußte um die Zwiespältigkeit, die der homiletischen Theorie eigen ist, sobald sie die freie Predigt und ihre schriftliche Vorbereitung zugleich fordert. Ihm war die Widersprüchlichkeit dieser Anforderung bewußt, und deshalb untersuchte er in einem ersten Schritt die Differenz zwischen der geschriebenen und gesprochenen Sprache. „Es muß erhebliche Bedenken wecken, daß Schreiben und Sprechen so offensichtlich glatt ineinanderfließen sollen" (*E. Altmann,* 18). Sein zweiter Schritt definiert Predigt als ein Kontaktgeschehen zwischen Menschen. In der Predigt kontaktiert die Pfarrerin oder der Pfarrer mit der Gemeinde. „Die starken Möglichkeiten des originalen schöpferischen Sprechens sind durch die Bindung an das Konzept und seine Reproduktion gelähmt, so daß die für das Verstehen lebenswichtigen Kontaktbezüge nicht oder doch nicht voll zur Wirkung kommen können" (*E. Altmann,* 60). Empirische Untersuchungen an gehaltenen Predigten untermauern diese Behauptung. Die frei gesprochene Predigt ist kontaktstärker als ihre abgelesene Stiefschwester.

Den Einfluß Altmanns auf die evangelische Homiletik kann ich nicht abschätzen. Obwohl man ihn häufig zitierte, fuhren die meisten Homiletiker zweigleisig weiter: Wir wünschen die freie Rede auf der Kanzel, aber bitte nur dann, wenn sie vorher schriftlich ausformuliert wurde. In jüngster Zeit hat *Horst Albrecht* die Spur wieder aufgenommen. Neben den Karikaturen überzeugt der Bericht, wie der Autor seine Predigt vorbereitet. Obwohl er es nicht ausdrücklich schreibt, wird die Ausgangsposition klar. Anders als für seinen Ausbilder ist für ihn die Predigt frei vorbereitete und gehaltene Rede. „Mein Vikariatsleiter tat sich auch nach vierzig Dienstjahren noch schwer damit, er schrieb seine Predigten wörtlich aus. Und weil er viel vom Kontakt zur hörenden Gemeinde hielt, pflegte er am Samstag vormittag sein Amtszimmer zu durchwandern und seine Predigt Satz für Satz, Seite für Seite auswendig zu lernen. Der Teppich zeigte deutlich die Spuren dieser Wanderungen. Ich achte soviel Disziplin – und mache es inzwischen selber ganz anders. Wenn ich den Aufbau meiner Predigt beisammen habe, fange auch ich an zu wandern, aber mit einem kleinen Diktiergerät in der Hand (ein Kassettenrecorder tut's natürlich auch, aber der ist unhandlicher). Dafür suche ich mir einen ungestörten frühen Morgen aus" (*H. Albrecht,* 73). Ich kann diesen Bericht über die homiletischen „Sprech-Wanderungen" des Predigers leicht nachvollziehen, weil er an der konkreten Praxis des freien Sprechens orientiert ist. Diese Methode führt ohne Um- oder Abwege zu einer frei gesprochenen Predigt. In ökumenischer Eintracht spinnt ein katholisches Lehrbuch der Homiletik (1986) diesen Faden weiter. Ohne Umschweife stellt *Alois Schwarz* fest, was seit Schweinsberg eigentlich klar ist: „Predigt ist nicht eine Reproduktion vorher ausformulierter Gedanken. Predigt ist auch nicht eine Vorlesung eines theologischen Aufsatzes mit Einleitung, Hauptteil und Schluß. Predigt ist frei gesprochene Verkündigung... Gesprochenes Wort und nicht abgelesene Mitteilung muß die Predigtpraxis wieder mehr bestimmen" (133). In dieser Eindeutigkeit hatte lange kein Homiletiker mehr von der frei gesprochenen Predigt geschrieben. *Rolf Zerfaß* wagt sich in seinem lesenswerten „Grundkurs Predigt 1" (1987) noch weiter vor. Er spricht das aus, was viele Kolleginnen und Kollegen verdrängt haben. „Wir müssen die freie Rede für die Verkündigung nicht neu erlernen. Wir sprechen seit dem zweiten Lebensjahr frei. Weder die Feierlichkeit des gottesdienstlichen Rahmens, noch die Zahl der Hörer, noch die Verantwortung des Predigtamtes rechtfertigen es, diese uns längst zugewachsene Kompetenz der freien Rede plötzlich zu verleugnen" (*R. Zerfaß,* 118). Nach einer solch heftigen Herausforderung bleibt dem Autor nicht die Flucht in das vorgeschriebene Manuskript. Er versucht erst gar nicht, faule Kompromisse zu schließen. Der Würzburger Homiletiker fordert zielstrebig das freie Predigen, und er bietet wirklich eine praktikable Hilfe an, diesen Weg verantwortlich zu gehen.

Ich bin froh um solche ökumenische Eintracht. Aus langer Predigterfahrung weiß ich, daß das geschilderte Verwirrspiel der Homiletik in eine Sackgasse führt und die Verkünderinnen und Verkünder mehr und mehr abhängig macht. Sie brauchen das vorformulierte Konzept, wie Süchtige auf ihre Droge angewiesen sind. Der Wunsch, freier zu werden, und der Zwang, sich ans Manuskript zu halten, führen einen Kampf, den letztlich die Predigerinnen und Prediger verlieren. Mit ihrem inneren Konflikt besteigen sie den Predigtstuhl, so daß in ihnen während der Predigt weder Freude noch Hoffnung keimt. Deshalb hilft nur ein eindeutiges

Abb. 2: Die Predigt des Johannes, Pieter Breugel jun. (1564–1638)

Plädoyer für die freie Rede auf Kanzel und Ambo. Die Zweigleisigkeit mancher Homiletik stärkt und ermutigt nicht die Menschen, die sich zur Verkündigung berufen wissen – im Gegenteil, sie verunsichert und macht Verkünder und Gemeinden Sonntag für Sonntag trauriger. Weg mit den vorbereiteten, ausgeschriebenen Manuskripten, damit die Predigerinnen und Prediger in ökumenischer Eintracht endlich wieder frei reden können!

„Als der Pfingsttag gekommen war, befanden sich alle an verschiedenen Orten. Da kam plötzlich vom Himmel her ein Brausen, wie wenn ein heftiger Sturm daherfährt, und erfüllte die Häuser, in denen sie waren. Und es erschienen ihnen Zungen wie von Feuer, die sich verteilten; sie ließen sich auf ihre Manuskripte nieder und verbrannten sie. So wurden alle mit Heiligem Geist erfüllt und begannen, in fremden Sprachen frei zu reden. In Jerusalem aber wohnten Juden, fromme Männer aus allen Völkern unter dem Himmel. Als sich das Rauschen erhob, strömte die Menge zusammen und war ganz bestürzt; denn jeder hörte sie in seiner Sprache und verstand sie."

Sie haben die unmißverständlichen Stellungnahmen für die frei gesprochene Predigt gelesen. Was hat diese Aufzählung positiver Stimmen in Ihnen ausgelöst? Nachdenken? Abwehr? Verteidigung? Welche Fragen stellen Sie sich, nachdem Ihnen das Anliegen der freien Predigt klarer geworden ist?
Sie sind bereit, sich einmal auf eine freie Predigt einzulassen. Welche Hilfe erwarten Sie von der Homiletik? Was möchten Sie rhetorisch und homiletisch noch lernen?

Aus der Predigtgeschichte: „Berücksichtigen Sie auf der anderen Seite die Vorteile, die man gewinnt, wenn man, ohne auswendig zu lernen, frei vorträgt: man hat sich ganz in der Gewalt, man spricht natürlich, man verfällt nicht in jenen getragenen, deklamatorischen Ton; alles, was man sagt, kommt frisch und unmittelbar aus der Seele." Fénelon († 1715)

II. Fünf gute Gründe für eine frei gesprochene Predigt

Es gibt mehr als nur fünf „gute“ Gründe für die frei gesprochene Predigt. Ich will Sie nicht langweilen und alle aufzählen. Aus eigener Erfahrung verdichten sie sich in fünf Gesichtspunkten, die die Predigerinnen und Prediger beherzigen sollten. Die „guten“ Gründe folgen eher dem gesunden Menschenverstand als einer bestimmten homiletischen Theorie, was nicht gegen ihre Beweiskraft spricht. Als Reflexion meiner eigenen Predigtpraxis besitzen sie für mich überzeugende Gültigkeit. Die Leserinnen und Leser bitte ich, meine „guten“ Gründe zu überprüfen und sie mit ihrer Erfahrung als Prediger oder Hörer zu vergleichen. Ähnlichkeiten, die sich mit Sicherheit ergeben, sind nicht zufällig. Sie entspringen der analogen Struktur jeden Predigtgeschehens und bestätigen meine Beweisführung.

Es widerspricht nicht dieser Erkenntnis, wenn Sie wahrscheinlich auch „gute“ Gegengründe finden werden. Auf solche Weise beginnen wir einen sinnvollen Dialog, der das „Für“ und „Wider“ abklärt. Vielleicht gelingt es mir, die positiven Stimmen für eine freie Predigt in der evangelischen und katholischen Homiletik zu unterstützen und eine andere Predigtpraxis anzuregen. Auf jeden Fall hoffe ich, die „guten“ Gründe laden Sie ein, die freie Predigt einmal auszuprobieren.

1. Die freie Predigt als öffentliches Zeugnis

Die Predigt ist das öffentliche Zeugnis der Botschaft Jesu Christi. Zur Verkündigungskompetenz gehört die Fähigkeit, die Botschaft Jesu Christi frei und überzeugend auszusprechen, daß die Hörerinnen und Hörer sie ohne Schwierigkeiten aufnehmen können.

Wenn schon der Begriff „predigen“ etymologisch vom lateinischen „praedicare“ abgeleitet wird, dann ist die „Predigt“ der „prae-dicatio" verpflichtet. Schlägt man ein lateinisches Schulwörterbuch auf, findet man unter „prae-dico" „öffentlich bekanntmachen, laut erklären, ankündigen, preisen, rühmen". Wenn auch das „Rühmen" und „Preisen" in der normalen Sonntagspredigt weithin ausfallen, die begriffliche Stoßrichtung ist mit dieser Lexikonauskunft klar. Die Predigt kündigt „laut" und „öffentlich" an. Schon die „Laut"stärke wird problematisch. „Bitte sprechen Sie lauter, ich kann Sie so schlecht verstehen", das ist nicht nur ein Stoßseufzer älterer und schwerhöriger Gemeindemitglieder. Warum klagen so viele Hörerinnen und Hörer über die akustische Unverständlichkeit der Predigten? An diesem Punkt beginnen für mich die Schwierigkeiten einer abgelesenen Predigt. Der Prediger hat sein vorgeschriebenes Manuskript im Blick, weil er schließlich Zeile für Zeile lesen muß. Dadurch gerät ihm seine Hörerschaft aus dem Blick, d.h. er sieht nicht mehr, wer vor ihm sitzt und wie er seine Stimme darauf einzustellen hat. Der kaum wahrgenommene Kirchenraum stimuliert ihn nicht, um wie von selbst die Lautstärke richtig zu treffen. Modern ausgedrückt: Das Ablesen verhindert die für die Kommunikation notwendige Rückkopplung. Eine perfekte Lautsprecheranlage, die die Stimme der Predigerin oder des Predigers verstärkt, kann einiges, aber nicht alles wettmachen. Sie ist in den meisten Fällen nicht die Schuldige, wenn die Lautstärke der Predigt nicht stimmt.

Die Predigerinnen und Prediger reden manchmal zu leise, reden sie denn wenigstens öffentlich? Meiner Meinung nach ist jede noch so bescheidene sonntägliche Gemeindeversammlung, in der gepredigt wird, Öffentlichkeit, selbst wenn ihr einige Pastoraltheologen den Öffentlichkeitscharakter absprechen (z.B. *H. E. Bahr* u.a.). Wenn die Predigt auch nur einen kleinen Ausschnitt unserer gesellschaftlichen Öffentlichkeit anspricht, erfordert sie eine Redeweise, die dieser Situation gerecht wird. Es ist einsehbar, daß dies ein ausformuliertes Predigtkonzept eher verhindert als fördert. Der schriftliche Entwurf entstand situationslos und privat am Schreibtisch eines Pfarrers, der im günstigsten Fall den öffentlichen Anspruch der Predigt im Kopf hat. Da die Öffentlichkeit im Arbeitszimmer ausgeschlossen ist, kann sie sich nicht an der Entstehung der Predigt beteiligen. Nur Meistern der Improvisation gelingt es, zwischen den fest formulierten Zeilen ihres Textes die Anliegen der Gemeinde aufzugreifen und sie aktuell auszusprechen. Viele Predigerinnen und Prediger meinen es gut, indem sie bei der Predigtvorbereitung die Fragen ihrer Gemeinde berücksichtigen. Dennoch können sie letztlich der Hörerschaft nicht vorgreifen, weil sich die Öffentlichkeit während der Predigt neu konstituiert.

Auf ein letztes weist die Auskunft des Schulwörterbuches hin. Im Neuen Testament stehen viele Predigtbegriffe nebeneinander, ohne sich Konkurrenz zu machen. An erster Stelle gebraucht die Schrift das Verb „keryssein". „Es bezeichnet das Rufen eines Herolds, der nicht seine eigenen Erkenntnisse mitteilt, sondern an die Hörer bringt, was ihm von höherer Stelle aufgetragen ist" (*E. Lerle,* 13). Der Auftrag an die Prediger, nicht eigene Erkenntnisse auszurufen und sich an die Autorität des Wortes Gottes zu binden, ist unbestritten. Aber ein öffentlicher „Ruf", der Dienst eines „Herolds" ist nach meiner Erfahrung die Predigt schon lange nicht mehr. Können Sie sich einen Herold vorstellen, der die Nachricht von der Geburt eines königlichen Thronfolgers mühsam von einem Blatt abliest? Der Herold ist von der Botschaft, die er der Öffentlichkeit zu überbringen hat, so durchdrungen, daß er sie frei und ohne vorformuliertes Manuskript proklamieren kann. Als königlicher Bote braucht er keinen Spickzettel. Manche hinterfragen dieses biblische Predigtmodell, weil die Verkündigung als Proklamation eine bestimmte gesellschaftliche Ordnung widerspiegelt. Sie „gehört in ein feudales Sozialsystem, das gegenwärtig karikaturistisch in der Wahl von Karnevalsprinzen und Schönheitsköniginnen nachgespielt wird" (*M. Josuttis,* 49). Von solchen Einwänden unangefochten berufen sich nach wie vor viele Predigerinnen und Prediger auf diesen Ansatz, weil er auch ihr Amtsbewußtsein stärkt. Dann sind sie um so mehr verpflichtet, seine methodischen Implikationen mit zu berücksichtigen: frei, überzeugt und überzeugend das Reich Gottes wie ein Herold des himmlischen Königs öffentlich anzukündigen.

Wer dagegen die Verkündigung auf Kanzel und Ambo als Zeugnis versteht, bemüht sich aus einem anderen Grund um die freie Predigt. Sein persönliches Bekenntnis ringt ehrlich um den eigenen Glauben und bezeugt ihn öffentlich. Be-zeugen und über-zeugen werden so zu austauschbaren Begriffen, deren Wirkung auch vom Zeugen oder der Zeugin abhängig ist. Sobald das Evangelium „darauf angewiesen ist, daß es von Mensch zu Mensch, von Mund zu Mund weitergegeben wird" (*M. Josuttis,* 65), lebt es vom mündlichen Zeugnis der Verkünderinnen und Verkünder.

Aus dem sprechenden wurde aber ein schreibender Zeuge. Die Feder des Theologen siegte über den Mund des Predigers. Wann werden unsere Kirchen wieder Mundhäuser, nachdem sie lange Federhäuser waren (*M. Luther*)? Wir schaffen es, diese Entwicklung

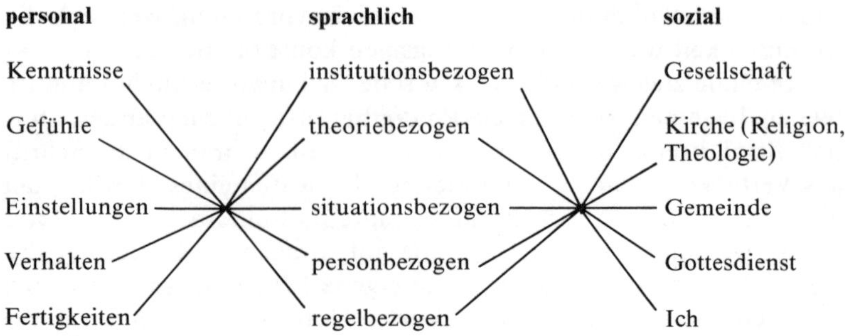

Abb. 3

zu stoppen oder umzudrehen, wenn wir uns als Predigerinnen und Prediger des eigenen Sachverstandes bewußt werden. Die homiletische Kompetenz, die in den letzten Jahren wissenschaftlich untersucht wurde, ist ein komplexes Geschehen, das sich aus vielen Faktoren zusammensetzt. Übersichtlich erläutert ein Schaubild (Abb. 3) solche Zusammenhänge. In der Vielschichtigkeit homiletischer Fertigkeit ist die Sprache ein wichtiger Aspekt, der sich auf Institutionen, Theorien, Situationen, Personen und Regeln bezieht. Dieser Zusammenhang ist auf unseren Ausgangspunkt übertragbar. Zur sprachlichen Kompetenz des Predigers gehören die Kenntnis der Regeln und sichere Klärung der Situationen, in denen er sprechen oder schreiben muß. Weil ihm die genaue Abgrenzung unklar ist und er die Regeln sprachlicher Kommunikation nicht beherrscht, kommt es oft zu einem Kuriosum: Die PfarrerInnen predigen schriftlich und schreiben predigend (vgl. II, 4). Biblisch hört sich alles noch einfacher an. „Seid stets bereit, jedem Rede und Antwort zu stehen, der nach der Hoffnung fragt, die euch erfüllt" (1 Petr 3,15). Warum besitzen viele Predigerinnen und Prediger nicht mehr die Kompetenz, frei und offen die Frage nach ihrer Hoffnung zu beantworten? Warum geben viele nur noch schriftlich die Rechenschaft ab? Ich weiß nicht, weshalb meine Schwestern und Brüder im Predigtdienst den Schatz ihres persönlichen Glaubens erst aufschreiben müssen, damit sie ihn auf dem Predigtstuhl verlesen können. Und wie wirkt ein abgelesenes Zeugnis auf die Öffentlichkeit? Normalerweise erzählt der Zeuge öffentlich frei das, was er bezeugen will. Er stellt die ihn bewegende Hoffnung in einer plastischen und bildreichen Sprache dar, die von jeder gedrechselten Begrifflichkeit weit entfernt ist. Jesus von Nazaret hat so erzählt, und von ihm selbst ist kein einziges Manuskript überliefert. Das persönliche Glaubenszeugnis braucht man weder im kleinen noch im großen Kreis abzulesen, weil man es in Kopf und Herz zugleich hat. „Wes das Herz voll ist, des geht der Mund über" (vgl. Mt 12,34).

Wie verstehen Sie Ihren jetzigen/zukünftigen Predigtdienst? Ist für Sie jede Predigt ein Glaubensbezeugnis des/der Predigers/in? Oder ist die Predigt für Sie mehr oder weniger theologische Information? Wie stehen Sie zu dem neutestamentlichen Begriff des „keryssein"?

Aus der politischen Öffentlichkeit: Die ZEIT vom 16. 12. 1983: Das Lähmende an Reden und Debatten im Bundestag sind nicht immer zementene Inhalte. Öfter sind es die betonierten Sprachstanzen, deren sich unsere Politiker... bedienen... Die Leidenschaft der freien Rede, der Glanz temperamentvoller (und gebildeter?) Rhetorik: diese leisen Taubenflügel schwingen selten um den Adler. Carlo Schmid ist lange tot. Einer hat das nun bemerkt und öffentlich Besserung gelobt. „Am Ende des parlamentarischen Teils dieses Jahres", wußte Rainer Barzel (damals Bundestagspräsident A. D.) elegant zu formulieren, wünsche er (uns) allen „kürzere und freiere Reden... Debatten und Fröhlichkeit für uns alle". Diese komplizierte Ansprache dauerte 28 Sekunden. Rainer Barzel las sie ab.

---

2. Das Zeugnis der Zeugen

Frei predigen heißt nicht, unvorbereitet „schwätzen". Die Predigerinnen und Prediger müssen sich intensiv mit der Botschaft Jesu Christi befaßt haben, um sie in der Verkündigungssituation frei auszusprechen. Fähige Predigerinnen und Prediger widerstehen der praktischen Versuchung, die persönliche Vorbereitung zu vernachlässigen und Predigtvorlagen abzulesen.

„Frei" und „unvorbereitet" werden oft verwechselt, wenn die Theologie ihre Argumente gegen eine frei gesprochene Predigt sammelt. Damit gerät diese sofort in einen Verdacht, von dem sie schwer loskommt. Solche Art der Verkündigung erscheint theologisch unseriös und nicht einwandfrei, weil sie angeblich nicht präzise wie eine schriftlich vorformulierte Predigt ist. Die wenigen Kolleginnen und Kollegen, die es wagen, frei zu predigen, werden manchmal in ihren Reihen nicht ernst genommen, ja sogar als „Schwätzer" disqualifiziert. Es nützt ihnen nichts, wenn sie sich intensiv auf ihre Predigt vorbereiten und ihre Überstunden am Schreibtisch nachweisen können. Die frei gesprochene Predigt ist und bleibt vielen Theologinnen und Theologen nicht ganz geheuer. Ich gebe zu, daß auch unvorbereitete Prediger auf die Kanzel steigen und sich in freier Rede versuchen. Aus Zeitmangel, oft aus Bequemlichkeit haben sie sich nicht präpariert, und sie überlassen deshalb ihre Predigt dem Zufall. Sie selbst nennen diese Predigtweise nicht Zufall. Besonders die trägen Redner im Talar oder Meßgewand ideologisieren ihre Faulheit, indem sie angeblich dem Hl. Geist eine Chance einräumen, direkt am Ort des Geschehens zu verkünden. „Mal sehen, was mir der Hl. Geist heute wieder ins Ohr flüstert", so denken sie noch auf dem Weg zum Ambo. Eins vergessen sie dabei: Der Heilige Geist ist niemals ein Alibi für Faulenzer, und er „holt die Überstunden nicht nach, um die sich der Prediger drückte" (*W. Jetter,* 106).

Es ist mir klar, daß sich die Theologie zu recht gegen solche verantwortungslose Verkündigung wehrt und sie aus diesem Grund einen festgelegten Predigttext bevorzugt. Vor allem die gewissenhaften Predigerinnen und Prediger bemühen sich, diesem Wunsch der Theologie in ihren Predigten nachzukommen. Oft spüren sie dann während der Predigt ein Unbehagen. Einerseits fühlen sie sich sicher, weil der Inhalt ihres Predigttextes theologisch einwandfrei ist. Andererseits merken sie, wie kein lebendiger Kontakt zu ihren Hörerinnen und Hörern entsteht. Hinter diesem Dilemma, das viele erleben, steckt eine falsche Alternative, die ich schon zitiert habe: „Frei gesprochen, unvorbereitet, unpräzise" gegen „abgelesen, vorbereitet, präzise". Meine eigene Erfahrung entlarvt diesen Gegensatz als scheinbar und künstlich. Gerade, wenn ich frei predigen will, muß ich ausgezeichnet vorbereitet sein. Ich behaupte, daß die Predigerinnen und Prediger, die sich verantwortungsbewußt um eine freie Rede auf Kanzel oder Ambo bemühen, in den meisten Fällen besser vorbereitet sind als die „AbleserInnen".

Hauptsächlich die Anfängerinnen und Anfänger werden schnell merken, was sie an Zeit brauchen, um das freie Sprechen einzuüben. Dieses Training beginnt, indem sie sich analytisch mit der Gemeindesituation und exegetisch mit dem Bibeltext auseinandersetzen. Die Rezeption der Hl. Schrift und ihre Auslegung sind der erste Weg, den jeder Prediger gehen muß, um sich die Botschaft anzueignen und zu verkündigen. Durch die Exegese, egal welcher Methode sie verpflichtet ist, erscheint die Predigtperikope in einem Licht, in dem die Welt- und Lebenserfahrung von damals und heute gleichermaßen aufleuchten. Erst nachdem das ausgelegte Wort Gottes mit dem Horizont des Predigers konfrontiert ist, kann er mit der Predigtplanung beginnen. Für PredigerInnen „ist das ein unvermeidliches Geschäft, ob sie wollen oder nicht, sie sind an alte Texte gehalten und müssen aus ihnen neue machen: Predigten" (*A. Stock*, 68). Da viele biblische Texte ursprünglich gesprochen und nicht geschrieben waren, steuert der Prediger ein falsches Ziel an, wenn er „Schrift"texte produziert. Aus der Hl. Schrift ist das zu machen, was sie in großen Teilen schon vor ihrem Schriftsein war: mündliche Verkündigung. Der Vorbereitungsprozeß der freien Predigt weist auf die ursprüngliche Struktur vieler Perikopen zurück und deutet auf ihren Sitz im Leben, der das freie Sprechen erforderte. Von daher dreht sich die Argumentation um. Der verantwortlich frei Predigende ist exegetisch besser vorbereitet als derjenige, der einen schriftlichen Vortrag ausgearbeitet hat. Er versteht nämlich, was die Exegese erforscht hat: den mündlichen Ursprung der Frohen Botschaft. „Die Evangelien sind nicht als Predigttexte für die Zeit der Kirche konzipiert. Sie wollen nicht Material bieten, das man in Predigten verwerten kann; sie sind Predigt" (*F. Kamphaus*, 316).

Eine große Versuchung für die Seelsorgerinnen und Seelsorger sind die meisten Predigtzeitschriften. Sie bieten fertig ausgearbeitete Predigten für jeden Sonntag und zu fast jedem Anlaß. Als Ideensammlung ist gegen solche Art praktischer Homiletik nichts einzuwenden. Solange fremde Predigten die eigene Verkündigung beflügeln, bleiben diese Predigtwerke als Vorbereitungsmaterial nützliche Werkzeuge, mehr aber nicht. Gefährlich werden sie, sobald sie die Vorbereitung unnötig machen, die eigene Predigt – sei sie frei gesprochen oder schriftlich ausgearbeitet – ersetzen. Damit wird das sonntägliche Verkündigungsgeschehen ad absurdum geführt. Der Prediger tauscht das persönliche Zeugnis gegen eine unpersönliche Vermeldung aus. Mag die abgedruckte Predigt inhaltlich noch so gut geschrieben sein, sie wiegt niemals die von Angesicht zu Angesicht aus-gesprochene Überzeugung eines Zeitgenossen auf. Die abgelesene Predigt des berühmten Theologen verblaßt neben dem lebendigen Zeugnis eines Dorfpfarrers, der seine frei gesprochene Predigt mühsam stammelt. Es mutet eigenartig an, wenn noch 1980 der Hauptschriftleiter einer beliebten Predigtzeitschrift indirekt zum Ablesen der gedruckten Vorlagen auffordert. „Die sechs Predigthefte werden jeweils um etwa 30 Seiten entlastet und dadurch überschaubarer und handlicher und zudem leichter auf dem Ambo

‚versteckbar'" (*A. Gruber*, 697). Die meisten Predigtzeitschriften verkaufen ihre Vorlagen perforiert, damit man sie leichter herausreißen kann. Solche versteckte „Hilfe" (?) offenbart wohl eine vielgeübte Praxis, die sich nicht einmal mehr die Mühe macht, ein geschriebenes Manuskript eigenständig vorzubereiten, geschweige denn eine frei gesprochene Predigt zu erarbeiten. Führt die sich abzeichnende Tendenz des Ablesens nicht in eine Sackgasse der Verkündigung? Wo bleibt die Ehrfurcht vor dem Wort Gottes, wenn seine Auslegung hektographierte Massenware wird? Können es theologisch ausgebildete Predigtlektorinnen und -lektoren verantworten, so nachlässig vorbereitet vor ihre Hörerschaft zu treten? Mit dieser leichtfertigen Vorbereitung ist keine frei gesprochene Predigt möglich, denn sie zwingt den Prediger und die Predigerin in die Verantwortung vor das Wort Gottes und vor die Gemeinde.

Wie stellen Sie sich eine intensive Predigtvorbereitung vor? Wie führen Sie sie durch? Welche Rolle spielt der biblische Text? Das Ausformulieren einer Predigt verkürzt die Vorbereitungszeit. Wieso?
Kennen Sie Predigtzeitschriften, die fertig ausgeschriebene Predigten anbieten? Welchen Eindruck haben Sie von diesen Predigthilfen?

Aus der Predigtgeschichte: „Nicht so fast eine Predigt wollte ich dir schicken, als viel mehr Stoff für die Predigt. Es ist dieses für die Einzelnen von größerem Nutzen. Wollte ich dir ein schon ausgearbeitetes und fertiges Kleid übersenden, so wäre das mein Kleid, dessen sich ein anderer bedient und für die Beschaffenheit seiner Natur und seines Leibes weniger passend. So aber habe ich dir von der Wolle und dem Purpur jenes Lammes gesendet, das uns erlöst und belebt hat. Daraus magst du dir nach Belieben ein Kleid machen, das dir als dein eigenes mehr Freude machen wird." Cyprian von Karthago († 258)

---

3. Denkende PredigerInnen – Mitdenkende HörerInnen

Die Predigerinnen und Prediger denken nicht nur bei der Vorbereitung ihrer Predigt. Sie denken auch noch, während sie predigen. So nimmt die frei gesprochene Predigt die Hörerinnen und Hörer ernst und hilft ihnen mitzudenken.

Eine Selbstverständlichkeit! Oder? Ich hoffe nach wie vor, daß die meisten Kolleginnen und Kollegen sich während der Predigtvorbereitung intensiv Gedanken machen. Wenn sie keine ausgearbeitete Vorlage aus der Predigtliteratur übernehmen, müssen sie denken. Das Denkergebnis als Frucht der Schreibtischarbeit ist in den meisten Fällen ein ausformuliertes Manuskript, das jeden Gedanken bis in die sprachlichen Details festhält. Die Formulierung allein hat viel Denkkraft erfordert, weil die Schriftsprache zur Präzision zwingt. Nach diesen Mühen darf sich der Kopf des Predigers oder der Predigerin ausruhen. Alles, was für die Predigt am kommenden Sonntag wichtig ist, ist schriftlich festgehalten, so daß kein Gedanke verlorengehen kann. Der geschriebene Text ist nicht nur für die Nacht vor der Predigt ein sanftes Ruhekissen, sondern auch am Ambo verführt er den Prediger dazu, mehr oder weniger „gedankenlos" abzulesen. Die oft nicht geübte oder beherrschte Technik des Ablesens verhindert ein Mitdenken während der Predigt. Auf der anderen Seite bietet die schriftliche Vorlage genau den Vorteil, den viele Predigerinnen und Prediger suchen. Sie können jederzeit und in jeder Stimmung predigen, weil irgendwelche äußeren Einflüsse sie dank ihres Textes nicht stören. Das fröhliche Gemeindefest am Samstagabend, bei dem die Pfarrerin oder der Pfarrer kräftig mitgefeiert haben, beeinflußt nicht mehr ihre Leistung auf der Kanzel. Vielleicht lesen sie in ihrem Stimmungstief ein wenig leiser als sonst, aber der entscheidende Gedankengang der Predigt findet dieselben Worte, wie sie lange vorher konzipiert waren. Das Wissen, während der Predigt nicht mehr denken zu müssen, beruhigt tatsächlich in manchen Situationen.

Also wird in vielen Fällen zwar intensiv vor der Predigt, aber kaum noch während der Predigt nachgedacht. Bei diesem Gedanken fühle ich mich unwohl. Kann es homiletisch wünschenswert sein, am Ambo oder auf der Kanzel das Denken zu verbannen? Die Frage beantwortet die evangelische wie die katholische Predigtlehre selbstverständlich mit Nein. Keine Homiletik versteht die Predigerinnen und Prediger als Schallplatten, die einen einmal aufgepreßten Text auf Wunsch ablaufen lassen. Die Produktion einer Schallplatte verlangt eine enorme Denkanstrengung, insofern ist auch die abgelesene Predigt niemals gedankenlos. Dennoch fürchte ich einen Prediger, der sich während der Verkündigung des Wortes Gottes von seinem Denken dispensiert hat. Widerspricht eine solche Weise zu predigen nicht der Würde des Kerygmas, die theologisch beschworen wird? Gerät damit die Verkündigung nicht in den Verdacht einer Irrationalität, weil der Verkünder vor der Gemeinde das Denken aufgegeben hat? Die PredigerInnen wünschen sich ausdrücklich, daß ihre Hörerschaft die Predigt bewußt verfolgt und überdenkt. Darf die hörende Gemeinde dann nicht einen mitdenkenden Prediger erwarten, der spontan auf ihre Rückmeldung reagiert und sie in seiner Predigt verarbeitet?

Solche wichtigen Anfragen erledigen sich, sobald Sie frei predigen. Das freie Sprechen zwingt den Sprecher konsequent zum Mitdenken. Ohne Denken kann kein Mensch sprechen, und von daher ist es „notwendig, daß der Prediger sich auf der Kanzel nicht anders verhält wie sonst im Gespräch: Er soll denkend sprechen und sprechend denken, wie er dies tut, seit er das Sprechen gelernt hat" (*R. Zerfaß,* 120). Diese Erfahrung macht jeder von uns, sobald er spricht. Sein Denken und sein Sprechen gehören zusammen, so daß er beide Vorgänge nicht mehr trennen kann. Den genannten Zusammenhang überdenkt die Sprachphilosophie, die bisher keine Lösung gefunden hat und deren Erörterungen wenig für die Predigtpraxis helfen. Die Sprecherziehung und ihre Methode des Sprechdenkens führen die Predigerinnen und Prediger schneller zum Ziel der freien Predigt. Das Sprechdenken versucht den Zusammenhang zwischen Denken und Sprechen auszunutzen, weil es sich „als ein Denken während des Sprechens und durch das Sprechen" (*F. Schweinsberg,* 448) versteht. Anders ausgedrückt ist das Sprechdenken ein lautes Denken, das den Gedankenfluß während des Redens in Gang bringt und hält. „Allmählich werden die Gedanken beim Reden verfertigt" *(H. v. Kleist).* Dadurch wird das Mit-Denken in jeder freien Predigt unvermeidbar, denn das Verfahren fordert wie von selbst das Denken ein. Die Verkünder können sich nicht vom Denken dispensieren, weil sie das freie Sprechen dazu zwingt. Anders als beim Ablesen entsprechen sich Sprechprozeß und Denkprozeß. „Der Sprechprozeß verläuft in Sinnabschnitten, die Akzente werden unbewußt und unmittelbar gesetzt. Das Tempo wird langsamer, die Tonlage tiefer, Pausen sind Denkpausen" (*J. Rothermundt,* 77 f).

Gerade solche natürlichen Sprechpausen sind für die Hörerinnen und Hörer eine große Hilfe mitzudenken. Während der Prediger pausiert, um zu überlegen, wie und was er weiterspricht, denkt der Hörer an das, was er bis zu diesem Moment gehört hat. Der Prediger plant in dieser Pause nach vorne, der Hörer blickt innerlich zurück und baut sich eine Vorstellung von dem Gehörten auf. Erst wenn er sich vorstellen kann, was der Prediger gesagt hat, hat er verstanden. Die Hörerinnen und Hörer brauchen viel Zeit und damit viele Sprech- bzw. Denkpausen, um überhaupt eine Predigt zu verstehen. Nur so gelingt die notwendige Parallelität zwischen dem denkenden Sprechen des Mannes oder der Frau auf der Kanzel und dem denkenden Hören der Männer und Frauen in den Kirchenbänken. Dem Sprechdenken korrespondiert das Hörverstehen. Der Sprecherzieher *Hellmut Geißner* führte mit GermanistikstudentInnen folgendes Experiment durch. Zunächst spielte er ihnen eine alltägliche Szene vor, die sie frei nacherzählten. Dann schrieben sie darüber einen Bericht und lasen ihn vor. Beim freien Erzählen gebrauchten sie durchschnittlich ein Drittel der Zeit als Pause. Beim Ablesen verringerte sich die Pausenzeit auf etwa ein Fünftel. Verstehen Sie nun, weshalb viele Hörerinnen und Hörer oft klagen, daß auf der Kanzel oder auf dem Ambo viel zu schnell gesprochen wird? Die Hetze, die manche Predigerinnen und Prediger ausstrahlen, ist eine Folge ihres Ablesens, weil es die notwendigen Pausen übergeht. Der frei Sprechende legt automatisch mehr Pausen ein als der Ablesende. Das kommt den Hörerinnen und Hörern wiederum zugute. Das Sprechen ist bis in seine Zeitgestaltung auf das Hören bezogen. Nach dieser Untersuchung erreicht die abgelesene Predigt, deren Text am Schreibtisch ganz ausformuliert wurde, unmöglich die Hörfreundlichkeit einer frei gesprochenen Predigt. Da der Prediger durch sein freies Sprechen der Gemeinde das mitdenkende Zuhören erleichtert, fühlt sie sich viel ernster genommen, als wäre sie einer vorlesungsähnlichen Predigt ausgeliefert. „Der Prediger ist bei der Sache und läßt den Hörer mitdenken, ohne ihn zu überfahren. Er überredet nicht, sondern er baut erst weiter, wenn er annehmen darf, daß die Fundamente halten" (*R. Kliem,* 228). Die frei gesprochene Predigt dient einerseits der Verkündigung der Frohen Botschaft, andererseits ist sie eine unentbehrliche Stimme im geschwisterlichen Dialog des Volkes Gottes, und die Communio wird am Ambo vertieft.

Wie hören Sie einer Predigt zu? Wie gelingt es Ihnen, dem Gedankengang dieser Predigt zu folgen?
Wann schalten Sie bei einer Predigt innerlich ab? Wann hören Sie aufmerksam zu?
Woran denken Sie während der Predigt? Schweifen Ihre Gedanken schnell ab? Warum?
Wenn Sie schon predigen: Haben Sie das Gefühl, während der Predigt mitzudenken?

Aus einem Lexikon: „Während die meisten Reden der Antike, wie aus den fünf Stufen der damaligen Redevorbereitung inventio (Stoffindung), dispositio (Gliederung), elocutio (wörtliche Ausarbeitung), memoria (gedächtnismäßige Aneignung), actio (Halten der Rede, Vortrag) hervorgeht, eine Kombination von Schriftstellerei und Rezitation darstellten... geht die heutige Redeschulung und praktische Beredsamkeit von der allen Menschen gegebenen Fähigkeit zum Spontansprechen des Alltags aus, wie es sich in Unterhaltung, Gesprächsführung und Verhandlung darbietet. Bei diesen Sprechleistungen... legt sich aber niemand stummdenkend einen Text zurecht, um ihn dann laut zu sprechen, vielmehr fallen innere und äußere Sprachform, Gedankenfindung, Wortfassung und Schallform gewohnheitsmäßig zusammen."

---

4. Sprechen und Schreiben – Eine Sprache

Sprechen und Schreiben sind zwei Vollzugsformen unserer Sprache, die unterschiedliche Kommunikationssituationen bewältigen. Die Bedingungen der Predigt widersprechen der schriftlichen Kommunikation. Das Schreiben einer Predigt führt nicht zum Sprechen dieser Predigt.

Allzu leichtfertig gehen viele schreib- und sprechgeübte Menschen davon aus, daß sie als Kind eine Sprache gelernt haben, die sie einmal sprechend und ein anderes Mal schreibend benutzen. Sie sehen keinen Unterschied zwischen dem geschriebenen und dem gesprochenen Wort. Sprache ist und bleibt für sie Sprache, gleich wie sie in der konkreten Situation gebraucht wird. Deshalb können sie sich mit dem Anliegen dieses Buches, das zwischen einer abgelesenen und einer frei gesprochenen Predigt unterscheidet, schwer anfreunden. Sie werfen beides in den Topf der einen Sprache, die sie beherrschen. Für sie läuft Schreiben oder Sprechen nach gleichen Regeln ab, weil es in einer einzigen Sprache doch keine zwei Grammatiken geben kann. Einerseits gebe ich ihnen recht: Unsere Muttersprache läßt sich nicht aufspalten. Andererseits belehrt uns der Volksmund, daß einer die Sprache in „Wort" und „Schrift" beherrscht. Damit deutet sich ein Unterschied an, den die alltägliche Erfahrung belegt. Es gibt tatsächlich Menschen, die nur sprechen können. Umgekehrt kenne ich Pfarrerinnen und Pfarrer, die elegant und flüssig schreiben, aber auf der Kanzel holprig und stokkend sprechen. Eine solche Differenz ist grundgelegt in der Art und Weise, wie der Mensch seine Sprache erlernt. Sowohl für die Menschheit als auch für den einzelnen Menschen gilt: Zuerst gelingt das Sprechen, erst viel später das Schreiben. „Mit großer Wahrscheinlichkeit haben Menschen vor vielleicht fünftausend Jahren angefangen, Schriftzeichen zu benutzen. Wieviel hunderttausend Jahre vorher sie bereits gesprochen haben, liegt im geschichtlichen Dunkel" (*H. Geißner,* 16). In der Biographie des einzelnen spiegelt sich die historische Entwicklung wieder. Normalerweise lernen Kinder mit zwei Jahren das Sprechen, aber erst im Alter von sechs Jahren das Schreiben. Den zeitlichen Graben zwischen dem Sprechen – und dem Schreibenlernen können wir nicht ohne weiteres überbrücken, denn das Sprechen behält seinen Vorrang. Daraus folgt, daß das Sprechen zum Schreiben führt und es vorbereitet. Der umgekehrte Weg vom Schreiben zum Sprechen weist in die Irre, weil er die Entwicklung auf den Kopf stellt. „Es besteht kein Zweifel darüber, daß die Basisfunktion Sprechen aufs innigste mit dem Epiphänomen Schreiben verbunden ist. Und einem schreibenden Zeitalter wird darum auch diese Reihenfolge ohne weiteres einleuchten: Erst klar zu Papier bringen, was ich sagen will, dann aussprechen. In genetischer Hinsicht aber ist diese Reihenfolge irreführend, und methodische Anleitungen, die darauf basieren, werden wenig verbindlich sein" (*E. Altmann,* 19).

Der Unterschied zwischen den zwei Verwendungsformen unserer Sprache liegt also auf der Hand, ohne daß man linguistische Forschung betreiben muß. Die Geschichte des Menschen und der Menschheit belegen ihn, so daß ihn die Kommunikationswissenschaft nur zu bestätigen braucht. Sie weist schon längst darauf hin, daß „zwischen den Produkten aus dem Bereich der geschriebenen Sprache und den aus dem Bereich der gesprochenen Sprache... ganz wesentliche Unterschiede" (*R. Rath,* 14) bestehen. Warum? „Die in geschriebener und gesprochener Sprache wirksamen Bedingungen zur Sprachrealisierung sind verschieden und führen zu unterschiedlichen Spracherzeugnissen" (*R. Rath,* 15). Die deutsche Sprache verwirklicht sich jeweils anders, ob ich einen Aufsatz schreibe oder ob ich predige.

Das Vorschreiben der Predigt hat seine eigene Gesetzlichkeit, die den Pfarrer oder die Pfarrerin auf der Kanzel zum Ablesen zwingt. Einige Homiletiker lehren immer noch, daß das ausgeschriebene Konzept zur frei gesprochenen Predigt verhilft! Sie belegen ihre Irrlehre mit den Vorzügen des Schreibens. Es ist genau, kurz, grammatisch richtig und stilvoll, wohingegen das Sprechen, an diesem Maßstab gemessen, fehlerhaft erscheint. Keiner soll sich auf der Kanzel blamieren, weil er gelegentlich einen falschen Kasus gebraucht oder seinen Predigtfluß durch „äh“ unterbricht. Das, was die gesprochene Sprache in jedem Dialog auszeichnet, wollen die Homiletiker im Germanistengewand mit Stumpf und Stiel ausrotten. Dabei übersehen sie eins. „Eigenschaften der geschriebenen Sprache, die oft als Vorzüge gegenüber der gesprochenen gerühmt

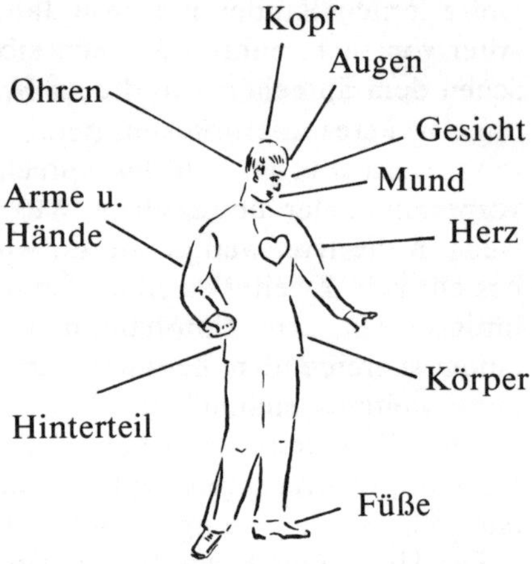

Die „einbahnige“ Kommunikation beim Schreiben (Lesen)

Die „mehrbahnige“ Kommunikation beim Sprechen. Körperteile, mit denen wir an der Diskussion teilnehmen:

Kopf	=	Denken und Planen
Augen	=	Beobachten
Ohren	=	Zuhören
Mund	=	Reden und Schweigen, rhetorische Mittel verwenden
Gesicht	=	Mimik einsetzen
Arme und Hände	=	Gestik
Herz	=	Einfühlen, psychologisches Geschick
Körper	=	Gesamterscheinung der Persönlichkeit: Image, Position, Äußeres
Hinterteil	=	Bewußte Wahl des Sitzplatzes
Füße	=	Bewußtes Kommen und Gehen (d. h. Anfangen und Beendigen der Diskussion)

Abb. 4

worden sind, wie Korrektheit, Grammatikalität, Durchsichtigkeit, Exaktheit, Kürze, Medium für unterschiedliche Stile, sind für eine kommunikativ orientierte Fragestellung nicht relevant. Denn diese Eigenschaften der geschriebenen Sprache sind Folgen ihrer Realisierungsbedingungen, wie z. B. daß kein Kommunikationspartner anwesend ist, daß der Schreiber sich die Zeit nehmen kann, sein sprachliches Produkt zu gestalten – unabhängig von jedem zeitlichen und psychologischen Druck, der in der mündlichen Kommunikation wirksam ist" (*R. Rath,* 16). Mehr und mehr begreife ich, daß der in unkommunikativer Situation produzierte Text schwer kommunikativ reproduziert werden kann. Was auf dem Schreibtisch entstanden ist, entsteht nicht noch einmal auf dem Ambo oder auf der Kanzel. Die Homiletik muß die Differenz zwischen geschriebener und gesprochener Sprache für ihre Theorie der Predigtvorbereitung berücksichtigen (Abb. 4).

Die Sprecherziehung kannte diesen Unterschied schon lange. In ihren Handbüchern finden sich manchmal Auflistungen, die Eigenschaften der gesprochenen und geschriebenen Sprache gegenüberstellen. Leicht verständlich machen sie klar, was eine frei gesprochene Predigt gewinnt und verliert.

DIE GESPROCHENE SPRACHE IST	DIE GESCHRIEBENE SPRACHE IST
situationsgebunden	situationslos
stilistisch einfach	stilistisch niveauvoll
adressatengebunden	adressatenungebunden
kontaktstark	kontaktschwach
flüchtig	stabil
non-verbal und verbal	ausschließlich verbal
einmalig	jederzeit wiederholbar
dynamisch, korrigierbar, provisorisch.	statisch, selbständig, definitiv.

An dieser Charakteristik von Sprechen und Schreiben kann die Homiletik nicht vorbei. Wenn sie noch weitere Ergebnisse der Sprecherziehung reflektiert, wird sie die Predigt als freie Rede definieren müssen.

Wer meint, das Defizit eines geschriebenen Manuskriptes durch gekonntes Lesen auszugleichen, wird seit 25 Jahren von *Eckhard Altmann* eines besseren belehrt. Er räumt mit dem Vorurteil auf, daß der Prediger durch geschicktes Lesen vom Konzept loskommt und frei wird. Altmann verglich das fertig zusammengestellte Predigtmanuskript mit der wirklich gehaltenen Predigt. Ihn überraschte, daß die Abweichungen des auf der Kanzel Gesprochenen vom Geschriebenen minimal waren. Trotz guter Vorsätze hatten sich die Prediger nicht befreit. „Das Maß der subjektiven Selbsttäuschung verblüfft gerade an diesem Punkt. Bei einer Selbsteinschätzung älterer Prediger wird meist versichert, sie gestalten ihre wörtlich aufgeschriebenen Predigten auf der Kanzel ‚völlig frei'. Erst die Abschrift vom Tonband offenbart das Ausmaß der Bindungen an das Manuskript" (34). Die Ausrede „Ich lese aber meinen Predigttext ziemlich frei ab" zieht nicht mehr.

Schreiben bzw. Lesen und Sprechen sind unterschiedliche Verwendungsformen unserer Sprache, die auf verschiedene Kommunikationssituationen eingehen. Eine dieser Situationen, die das Sprechen erfordert, ist nach langer Tradition und in theologischer Erkenntnis die Predigt. Predigt als quasi Hirten-brief verfehlt die Chancen echter Communio in einer Gemeinde.

Liebe Predigerinnen und Prediger! Mit diesem Plädoyer will ich Sie ermutigen: Versuchen Sie einmal auf der Kanzel oder auf dem Ambo frei zu sprechen! Nutzen Sie die Vorteile der gesprochenen Sprache, ohne in anderen Situationen die Schrift zu vernachlässigen.

Alles zu seiner Zeit und an seinem Ort.

Sie haben die letzten Seiten gelesen! Erzählen Sie den Inhalt einer guten Freundin oder einem guten Freund! Sprechen Sie bitte darüber! Schreiben Sie dann eine Inhaltsangabe dieses Textes! Lesen Sie sie vor! Merken Sie Unterschiede zwischen dem frei gesprochenen Bericht und dem abgelesenen Text? Wenn ja, welche?
Haben Sie schon einmal die Sprechgeschwindigkeit von Predigten kontrolliert?

Aus der Geschichte der Rhetorik: Aristoteles sagt, „die Schrift-Prosa sei wie eine feine Strich-Zeichnung; hält man sie einer großen Anzahl von Menschen hin, so wird keiner ihren edlen Zügen und Schattierungen folgen können, weil sie auf das nahe Auge des einzelnen abgestimmt sind. Die Rede dagegen sei wie eine Kulissenmalerei; dem nahe davorstehenden einzelnen erscheint sie wie ein Geschmier, erst aus der Ferne gesehen, da leuchtet sie allen plastisch auf."

---

5. Die freie Predigt schafft Kontakte

Predigen ist ein Geschehen, das Kontakte zwischen Menschen anknüpft. Jede Predigt ist ein Gespräch, und hinter dem äußeren Monolog versteckt sich ein innerer Dialog. Dazu brauchen die Predigerinnen und Prediger die notwendige Freiheit des Sprechens, die den Hörerinnen und Hörern die notwendige Freiheit des Hörens ermöglicht.

Wer das Predigthandwerk erlernen will, studiert Homiletik. Sie ist die Wissenschaft von der formal und inhaltlich richtig aufgebauten Predigt. Während man das Wort „Predigt" auf die lateinische Sprache zurückführt (vgl. II, 1), verweist der Begriff „Homiletik" auf einen griechischen Ursprung, nämlich auf das Tätigkeitswort „homilein". Das Wörterbuch übersetzt das Verb mit: „sich unterhalten, mit jemandem vertraulich reden, mit jemandem verkehren". Dieser Begriff besitzt also eine kommunikative und dialogische Bedeutung, die im zeitgenössischen Predigtgeschehen nicht mehr durchscheint. Der Mann oder die Frau auf der Kanzel redet allein, ohne daß nur eine Hörerin oder ein Hörer in ein Gespräch verwickelt werden. Von einer lebendigen Unterhaltung mit den Hörerinnen und Hörern ist im sonntäglichen Gottesdienst nichts zu spüren. In apostolischer Zeit war die Homilie ein Gespräch der Gemeinde und dem Eucharistievorsteher, in dem Monolog und Dialog miteinander abwechselten. Als Paulus sich von der Gemeinde in Troas verabschiedete und dort die Eucharistie feierte, predigte er zu ihnen (Apg 20,7), und, nachdem er das Brot gebrochen hatte, redete er mit ihnen (Apg 20,11). Nur in Vers 11 gebraucht der Autor der Apostelgeschichte das Wort „homilein". Auf solche Weise unterscheidet er genau zwischen einer monologischen und einer dialogischen „Predigt".

Die Predigt und der kerygmatische Dialog waren in der Liturgie der Urkirche nicht so weit voneinander entfernt, wie es unsere Gottesdienstpraxis nahelegt. Der Dialog stand am Anfang der Verkündigung. Warum sich daraus der Monolog der Kanzelpredigt entwickelt hat, das sollen die Historiker untersuchen. Die Homiletik versuchte diesen Zusammenhang für die Theorie und die Praxis der Predigt umzusetzen. Dabei kam ihr, wie so oft, die Sprecherziehung zu Hilfe. Sie weiß lange, daß jede Rede im Grunde genommen ein Gespräch ist, „allerdings ein Gespräch unter besonderen Umständen. Der Idee nach gehen Gespräch und Rede auf den gleichen inneren Ursprung zurück: auf das Mitteilen-Wollen"

(*F. Schweinsberg,* 328). Ich will mich dem anderen mitteilen, und in seiner Antwort teilt er sich mir mit. Der Stromkreis wird zwischen mehreren Menschen, die sich in einer gemeinsamen Sache mitteilen wollen, geschlossen. Das Gespräch ist der „Prototyp der mündlichen Kommunikation" *(H. Geißner),* auf den sich die anderen Formen menschlicher Verständigung zurückführen lassen. Selbst die Rede, die in bestimmten Situationen notwendig ist, gehorcht den Gesetzen des Gesprächs, weil sie sich von ihm ableitet. Denn es hat nur „den Anschein, als wechselten die Formen des Sprechens vom ‚Dialogischen' zum ‚Monologischen'. Der Schein trügt: Primat und Priorität hat und behält das Gespräch vor der Rede. Dies war bekanntlich schon die Auffassung, die Aristoteles vertrat" (*H. Geißner,* 23). Im Gespräch kommt die Sprache zur vollen Entfaltung, so daß nach der Sprechwissenschaft die anderen Sprachhandlungen Defizite aufweisen, die die Miteinander-Kommunizierenden im Interesse ihrer Kommunikation ausgleichen müssen. Auch der Rede fehlen typische Elemente, die den Dialogcharakter eines Gesprächs ausmachen. Trotz solcher Mängel bleibt sie prinzipiell dialogisch. „Deshalb ist es angemessen, den Formen des Gesprächs als aktuell dialogischen die Formen der Rede als virtuell dialogische gegenüberzustellen" (*H. Geißner,* 23). Jede Rede ist ein virtueller Dialog, der in dieser oder jener Sprechsituation aktualisiert werden könnte.

Eine Position eröffnet der Homiletik einen neuen Zugang zur Predigt, der den Anfängen der Verkündigung eher entspricht. Ausgangspunkt des homiletischen Geschehens ist nicht der Lehrvortrag eines wissenden Theologen vor einer unwissenden Hörerschaft, sondern das Gespräch von Schwestern und Brüdern, die gemeinsam die Botschaft des Auferstandenen bezeugen. Das Hin und Her zwischen Christinnen und Christen in der gottesdienstlichen Versammlung prägt die Verkündigung, so daß der Monolog einer Kanzelpredigt fast eine Fehlentwicklung darstellt. Die Predigtgeschichte ist nicht umzukehren, und die Gesetze der Massenkommunikation, die die monologische Rede erfordern, drängen sich in unserer Volkskirche nach wie vor auf. Dennoch kann man, „was authentische Verkündigung ist, nicht an der Architektur der Kanzeln ablesen, auch wenn sie eigens dazu gebaut worden sind, das Wort Gottes zur Geltung zu bringen" (*R. Zerfaß,* 30). Ich übertreibe: Jesus hat nie von einer Kanzel oder von einem Ambo aus gepredigt. Die Gelegenheiten, in denen er vor einer größeren Menschenmenge redete, spielen in den synoptischen Evangelien kaum eine Rolle. Die Bergpredigt ist die berühmte Ausnahme. Jesus war ein Prophet, der sich oft in ein Gespräch verwickeln ließ. Die Homiletik muß deshalb „zurückgehen auf die elementaren Situationen der Verkündigung, von denen das Evangelium erzählt. Es sind Gesprächssituationen, in die Jesus verstrickt wird und die er selbst inszeniert" (*R. Zerfaß,* 30). Die Verkündigungspraxis Jesu bestimmt das moderne Verständnis von Predigt, und sie bestätigt den Ansatz der Sprecherziehung, die in ihrer Systematik vom virtuellen Dialog der Gemeinde mit dem Prediger ausgeht. Wer die Predigt so definiert, sieht schnell ein, daß die Verkündigung Kontakte zwischen Menschen aufbaut. Jede Homilie stiftet Beziehungen, die das kerygmatische Gespräch fördern, behindern oder gar blockieren. Diese Beziehungen erzeugen Emotionen, die auf die Ähnlichkeit der Predigt mit dem alltäglichen Gespräch verweisen (Abb. 5). Das

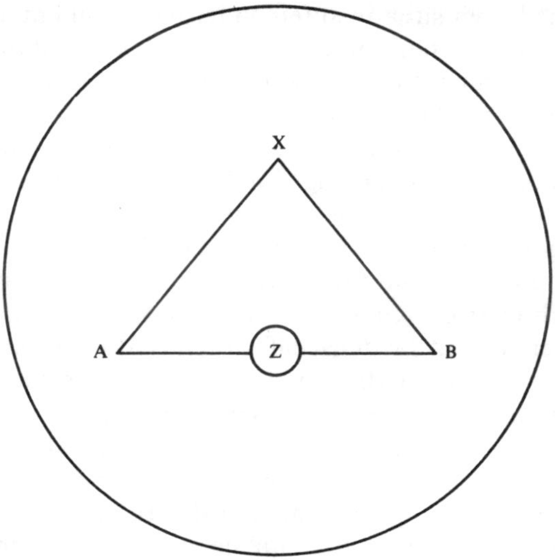

Abb. 5: A und B symbolisieren die Kommunikationspartner; X den Gegenstand ihrer Rede; Z die sprachlichen Zeichen, deren sie sich bedienen; der Außenkreis die situativen Rahmenbedingungen (Ort, Zeit, Anlaß und Ziel, soweit es durch den Rahmen bereits festgelegt ist).

Kontaktgeschehen „Predigt" ist „kein einlinig verlaufender Prozeß, der etwa nur das äußere Verhalten bestimmte. Neben den äußerlich durch die Haltung der Partner erkennbaren Vorgängen verlaufen Prozesse emotionaler Natur. Ja, je stärker gerade diese Komponente dabei ist, desto inniger der Kontakt überhaupt" (*E. Altmann,* 16).

Welche Konsequenzen ergeben sich aus dieser Sicht für die Predigt und die Prediger? Sie lassen sich kurz und prägnant in einer Bitte zusammenfassen: Predigen Sie so, als ob Sie in einem lebendigen Gespräch mit Ihren Hörerinnen und Hörern sind. Haben Sie schon einmal ein Gespräch erlebt, in dem Ihr Gesprächspartner vorgefertigte Texte von einem Blatt ablas, anstatt Ihnen spontan und unmittelbar zu antworten? Vielleicht zog er Notizen aus seinem Jackett, die er an geeigneten Stellen des Gesprächs einbrachte, aber vor ihm lag kein ausgeschriebenes Manuskript auf dem Tisch. Die Pointe dieser spitzen Bemerkung ist eine grundlegende Gesprächsbedingung. Jedes Gespräch kann und darf nicht schriftlich vorbereitet werden. Es verlangt innere und äußere Freiheit, damit die Partner jederzeit situativ aufeinander reagieren können. Dieses Prinzip ist unumstritten und wird überall so praktiziert. Eine schriftliche Fixierung der Wortbeiträge wäre der Tod jeder Diskussion, und Fernsehdiskussionen, in denen die Politiker nur noch ihr vorbereitetes Wahlmaterial verlesen, beweisen das zur Genüge. Wenn schon der aktuelle Dialog von der Aktualität des Gesprochenen lebt, um wieviel mehr hängt davon der virtuelle Dialog ab. Viele Predigerinnen und Prediger klagen über die monologische Form der Predigt, die sie für veraltet halten. Sie leiden darunter, daß sie mit ihrer Hörerschaft nicht in Kontakt kommen. Trotz Klage aber halten sie mit Leidenschaft an einer Predigtweise fest, die den Monolog der Verkündigung verstärkt. Indem sie auf der Kanzel oder auf dem Ambo Satz für Satz, Wort für Wort von ihrem Manuskript ablesen, berauben sie sich der Möglichkeit, Kontakt zu schaffen und Beziehung herzustellen. Diese PredigerInnen besitzen nicht die Freiheit, um die Reaktionen der Hörerinnen und Hörer wahrzunehmen und unmittelbar auf sie einzugehen. Dabei handelt es sich „in unserer heutigen Sicht um die eigentliche Rede, wo der Sprecher die Möglichkeit hat, jene zeugenden Rückwirkungen als Geschenke des Augenblicks in freier Beweglichkeit um wohlgeordnete, feste Punkte völlig auszunutzen!" (*F. Schweinsberg,* 330) Das ist wirklich die Predigt, die sich als virtueller Dialog in der Gemeinde versteht und die dialogischen Möglichkeiten ausschöpft (Abb. 6). Aus diesem Grund erfordert eine am Gespräch orientierte

Predigt die freie Rede. Wenn aber der Prediger nicht die notwendige Freiheit vom Manuskript besitzt, entläßt er seine Hörerinnen und Hörer nicht in die Freiheit mündigen Hörens. Die dialogische Partnerschaft ist von vornherein aufgekündigt, weil der Prediger kaum eine Rückmeldung seiner Hörerschaft aufnehmen und verarbeiten kann. Er sieht nicht die aufmerksamen Blicke, er hört nicht, wie sich die Hörerinnen und Hörer an unverständlichen Stellen hilflos räuspern. Es sind Möglichkeiten, das Gespräch zu beginnen und in Gang zu halten. Die freie Predigt, die aktuell monologisch, virtuell dialogisch ist, impliziert die grundsätzliche „Bereitschaft,

Abb. 6: Titelbild zu Anselm v. Canterbury, Cur Deus homo? WR Mus., A. 12. Jh., Dialog zw. Anselm u. Boso

den anderen ebenso frei zu Wort kommen zu lassen wie sich selbst; auftretende Mißverständnisse auszuräumen, indem die unmittelbare Interaktion vorübergehend suspendiert wird, bis das Mißverständnis ausgeräumt, die Basis abgeklärt ist" (*R. Zerfaß,* 33). Die ablesenden Predigerinnen und Prediger können und wollen vielleicht gar nicht die Mißverständnisse der Gemeinde wahrnehmen. Ihre Haltung auf der Kanzel oder auf dem Ambo zeigt eben an, daß sie nicht offen und frei sind, die Signale der Hörerinnen und Hörer aufzunehmen. Damit zwingen sie ihre Hörerschaft, mit ihrem Mißverständnis allein zu bleiben – und schon ist das Gespräch abgebrochen.

Erinnern Sie sich an einen „kommunikativen" Prediger? Was machte sein Predigen so kommunikativ? Wie hat er gesprochen, Sie an-gesprochen?
Welche Bedeutung hat in diesem Zusammenhang ein Predigtnachgespräch?
Wünschen Sie sich als HörerIn Predigtnachgespräche?
Wünschen Sie sich als PredigerIn Predigtnachgespräche?
Wie haben Sie in Gruppengottesdiensten Predigtgespräche erlebt?

Aus den „Richtlinien der Deutschen Bischofskonferenz für Meßfeiern kleiner Gemeinschaften" (38): „An die Stelle der Homilie kann entsprechend der konkreten Situation auch ein Dialog treten, so daß sich unter Leitung des priesterlichen Vorstehers der Feier ein geistliches Gespräch ergibt, an dem alle teilnehmen und zu dem alle beitragen."

III. Was mache ich auf der Kanzel mit meiner Angst?

Die guten Gründe für eine freie Predigt sind „auf dem Tisch“. Unsere Diskussion kann beginnen. Ich bin zuversichtlich. Am Ende der Auseinandersetzung mit dem „Pro“ und „Contra“ steht hoffentlich Ihr Wunsch, es einmal zu versuchen. Was? Das, was die meisten immer schon wollten: mit ihren Zuhörerinnen und Zuhörern in der Predigt lebhaft zu kommunizieren, frei zu sprechen und den virtuellen Dialog zu wagen. Nur eine Befürchtung durchkreuzt meinen Optimismus. Viele sehen zwar den theologischen und sprecherzieherischen Gedankengang ein. Sie spüren in ihrer eigenen Praxis, wie eine abgelesene Predigt die Kommunikation in der Gemeinde stört. Dennoch ringen sie sich nicht zur frei gesprochenen Predigt durch, weil ihnen die Angst im Nacken sitzt. Predigen, erst recht frei predigen macht Angst. Und solche Angst steigert sich von Minute zu Minute, bis die ersten erlösenden Sätze auf der Kanzel oder vom Ambo gesprochen sind. Ich weiß, daß gegen solche Predigtangst keine klugen Argumente helfen. Aber auch das ausgeschriebene Manuskript, das sich als Retter anbietet, ist keine Hilfe. Manche Predigerin oder mancher Prediger kommen sich vor wie Mose, der für seine Predigt- bzw. Sprechangst Worte gefunden hat. „Doch Mose sagte zum Herrn: Aber bitte, Herr, ich bin keiner, der gut reden kann, weder gestern, noch vorgestern, noch seitdem du mit deinem Knecht sprichst. Mein Mund und meine Zunge sind nämlich schwerfällig“ (Ex 4,10). Selbst Propheten überkam die Angst vor der Predigt (vgl. Jer 1,6). Es ist interessant, die Solidarität großer Männer des Alten Testaments mit den Predigern von heute festzustellen. Trotzdem führt sie uns aus der Sackgasse der Predigtangst nicht heraus. Wie können wir mit unserer Angst vor der Predigt umgehen? Wie können wir die Angst vor dem freien Sprechen bewältigen?

1. Die Predigtangst oder das Lampenfieber

Vor der Sprechsituation der Predigt wird immer eine mehr oder weniger starke Angst empfunden. Dieser Angst entkommt keiner, der von der Kanzel oder vom Ambo predigen will. Besonders die Predigtanfängerinnen und -anfänger haben mit ihr zu kämpfen und fliehen vor ihr, indem sie die Predigt wortwörtlich formulieren. Aber auch erfahrene PredigerInnen kennen diese Angst, die sich wie „Lampenfieber" auswirkt.

Das Thema der Predigtangst bespreche ich immer ausführlich mit den Studentinnen und Studenten der homiletischen Vorlesungen. Ich halte es für wichtig, daß ihnen ihre Angst vor der Predigt und insbesondere vor dem freien Sprechen bewußt wird. Gerade die frei gesprochene Predigt ruft bisweilen panische Angst zusammen:

Ich predige nicht frei, denn ich habe Angst,

- steckenzubleiben,
- mich zu blamieren,
- mich lächerlich zu machen,
- mitten in der Predigt abzubrechen,
- mein Gesicht zu verlieren,
- abzuschweifen, „zu schwimmen",
- mich zu versprechen,
- nicht den richtigen Ton zu finden,
- von der Hörerschaft abgelenkt zu werden,
- nicht die treffende Formulierung zu finden,
- den „roten Faden" zu verlieren,
- sprachlich abzugleiten,
- die Predigtzeit nicht richtig zu kalkulieren.

Ich habe Angst vor dem „Black out", vor Grammatikfehlern, vor der Gemeinde. Diese Äußerungen beweisen, mit welchen Ängsten sich die Predigerin oder der Prediger auseinandersetzen müssen. Es ist töricht, sie zu übergehen. Die Ängste lassen uns nicht los, und sie nehmen zu, wenn wir sie verdrängen wollen. In der Aufzählung der Studenten tauchen nicht nur oberflächliche Ängste auf, die mit einer Willensanstrengung zu beheben sind. Jede Predigt bedroht das Selbstwertgefühl des Predigers, d.h. es geht um die eigene Person und Persönlichkeit. Deshalb ist es mir unverständlich, weshalb die mir bekannten Homiletiker dieses Phänomen verschweigen. Beim Durchblättern von Homiletikbüchern aus den letzten Jahren fiel mir das Thema „Predigtangst" nicht auf. Eigenartigerweise fehlt es in den Stichwortregistern dieser Bücher. *Zerfaß* behandelt die Frage nach den Predigtängsten im Zielfelderplan „Homiletik", aber eine ausführliche Antwort fehlt. Bohren läßt die Predigtfurcht mehrmals anklingen, obwohl ihn mehr die Furcht des Predigers vor Gott als seine Angst vor dem freien Sprechen interessiert. „Der Prediger, der Gott fürchtet, braucht die Menschen nicht zu fürchten" (*R. Bohren*, 262). *Dannowski, Hirschler* und andere Autoren gehen auf das Problem nicht ein, so daß die Homiletik anscheinend die Predigtangst nicht kennt. Obwohl die Predigtlehre neuerdings die Psychologie beachtet und sie in ihre Theorie einarbeitet, besitzen die Angst und ihre Psychologie homiletisch kaum einen Stellenwert. *Wallner* und vor ihm schon *Arens* z.B. begründen ihren Ansatz konsequent lernpsychologisch, von der Angst vor der Predigt wissen sie nichts. Einzige Ausnahme ist wiederum *Fritz Schweinsberg* (vgl. 452ff). Dabei spielt die Angst in der Aus- und Fortbildung von Predigerinnen und Predigern eine große Rolle. Sie stellt eine hohe Hürde vor der ersten Übungspredigt dar, und für verantwortungsbewußte Prediger bleibt sie Hürde – eine Predigtpraxis lang. Erst wenn es gelingt, die Angst vor der Predigt zu benennen und auszusprechen, besteht die Chance, die Kandidatinnen und Kandidaten von der frei gesprochenen Predigt zu überzeugen.

Wahrscheinlich aus diesem Grund verfolgen einige Lehrbücher der Rhetorik eine andere Strategie. In ihnen finden sich längere Kapitel über die Redeangst, oft auch Lampenfieber genannt, die das Sprechen hemmt. „Lampenfieber ist die Unsicherheit, die uns beim Reden – vor allem vor größerem Auditorium – oder in wichtigen Gesprächssituationen am flüssigen Sprechen hindern kann. Lampenfieber ist für viele eines der Hauptprobleme der Rhetorik überhaupt" (*D. u. W. Allhoff*, 59). Nach einer sprecherzieherischen Untersuchung hatten nur 8,8% der Befragten keine Schwierigkeiten, vor einer größeren Menschenmenge zu reden. Deshalb bieten diese Lehrbücher für die restlichen 91,2% Hilfen an, um mit dem Lampenfieber und der daraus resultierenden Redehemmung umzugehen. Meiner Meinung nach bearbeiten Sprecherziehung und Rhetorik die Sprechangst verantwortlicher als die Homiletik, und es ist für die Predigt selbst gefährlich, sie auf die leichte Schulter zu nehmen.

Wie zeigt sich nun solche Predigtangst, das Lampenfieber, auf Kanzel und Ambo? Die Angst vor der Predigt ist eine typische Sprechangst, die auch in vielen anderen Situationen auftritt. „Nahezu jeder kennt das Gefühl der Sprechangst: aus einer Rede vor vielen oder einer mündlichen Prüfung oder einem unangenehmen Gespräch mit Vorgesetzten. Dem einen ‚schlägt es auf den Magen‘, der andere bekommt ‚weiche Knie‘, ein dritter hat ‚einen Kloß im Hals‘, das Herz schlägt zu fest und zu schnell, die Hände werden feucht, der ‚Atem bleibt weg‘ und vieles mehr. Alles Symptome, die eigentlich für das Sprechen nicht günstig sind“ (*D. u. W. Allhoff*, 60). Viele Pfarrerinnen und Pfarrer erkennen darin ihre eigenen Gefühle wieder, sobald liturgisch die Zeit der Predigt angesagt ist. Für sie erreichen die Beklommenheit und die Angst auf der Kanzel ihren Höhepunkt. Das Predigen ist ein richtiger Streß, und genau diese Aussage beschreibt das innere und äußere Geschehen auf dem Predigtstuhl und schon lange davor am Schreibtisch. Das Lampenfieber vor der Predigt ist die Reaktion auf einen Streß, der durch die liturgische Situation und die Anwesenheit der GottesdienstbesucherInnen ausgelöst wird. Berücksichtigt nämlich der Prediger die theologische und kommunikative Bedeutung der Predigt, die Unwiderrufbarkeit des Gesprochenen und die kritische Hörbereitschaft seiner Gemeinde, führt ihn das zwangsläufig in einen Streß, der sich hinter der Predigtangst versteckt. Er verstärkt sich, wenn der einzelne Prediger sich selbst gegenüber kritisch geblieben ist. Dann weiß er, wie schwer es ist, das an-sprechende Wort zu finden. Das alles jagt ihm Angst ein, und sein Körper reagiert auf diese Angst. „Angstauslösende Reize – ein unbekanntes Publikum ebenso wie ein zähnefletschender Hund – mobilisieren in Sekundenschnelle den ganzen Körper und bereiten ihn vor auf körperliche Höchstleistungen (entwicklungsgeschichtlich hieß das auf Kampf oder auf Flucht)“ (*D. u. W. Allhoff*, 60). Der Körper unterscheidet nicht, wer oder was die Angst auslöst. Für ihn ist es gleich, ob ein Hund hinter ihm herrennt oder ob er vor einer kritisch lauschenden Gemeinde steht. Beide Situationen verbindet er mit Angst und dem starken Impuls, sich so schnell wie möglich und so sicher wie nötig zu schützen. Auch auf der Kanzel stellt sich der Körper auf Kampf oder Flucht ein, obwohl es dort gar nichts gibt, mit dem er zu kämpfen oder vor dem er zu fliehen hätte. Sofort erhöht sich die Herz- und Pulsfrequenz, Schweiß bricht aus, die Gerinnungsfähigkeit des Blutes nimmt zu, der Blutdruck steigt, und die Atmung wird von Ruhe auf Leistung umgestellt. Diese körperlichen Funktionen sind sinnvoll für den Menschen, der kämpfen oder fliehen muß. In der Predigtsituation dagegen reagiert er körperfalsch, „fehlangepaßt“ sagen die Mediziner. Jetzt beginnt ein Teufelskreis. Der Prediger hechelt z. B. nach Luft, obwohl er stehend auf der Kanzel gar nicht soviel Sauerstoff braucht, wie er einatmet. Sein Predigen wird hektisch und nervös. Solche fehlangepaßten Reaktionen verstärken die Predigtangst oder das Lampenfieber, so daß die Sprechhemmung vor der Predigt immer größer wird und der Prediger nicht mehr ausbrechen kann. Voller Angst klammert er sich am Ambo fest, und jede Geste wird abgewürgt. Ihm gelingt es kaum noch, ein Wort frei zu sprechen. Dadurch ist aber eine andere Flucht vorprogrammiert: die Flucht in den ausformulierten Predigttext, der nur noch abgelesen werden muß.

In welchen Situationen haben Sie überhaupt Angst? Vor was, vor welchen Personen, Sachen oder Ereignissen fürchten Sie sich da? Was tun Sie in solchen Fällen, damit das Angstgefühl nachläßt? Erinnern Sie sich: Was haben Sie empfunden, als Sie Ihre erste Predigt vorbereiteten? Oder stellen Sie sich vor: Sie müssen predigen, was empfinden Sie?
Wie sind Sie damals mit Ihren Ängsten fertiggeworden? Was oder wer hat Ihnen geholfen?
Versuchen Sie bitte Ihre Ängste vor der Predigt genau zu umschreiben!

Aus der Predigtgeschichte: „Qui ascendit cum timore, is descendit cum honore. – Wer mit Furcht hinaufsteigt, der steigt mit Ehren herunter." Alter Spruch an einer Kanzeltreppe

---

2. Die Annahme der Predigtangst

Die erste und beste Strategie, um die Predigtangst fruchtbar zu bewältigen, ist ihre bewußte Annahme. Wer die Angst vor der frei gesprochenen Predigt erkennt, sie aushält und sie nicht verdrängt, gewinnt die für den Vollzug notwendige Offenheit und Freiheit. Auf diese Weise können die Predigerinnen und Prediger die körperlichen Konsequenzen ihrer Sprechangst situationsgerechter steuern und Fehlanpassungen vermeiden.

Angst haben wir alle, wenn wir predigen müssen. Obwohl dieser Satz so verallgemeinert, wie es in einer Predigt nicht erlaubt wäre, ist er richtig. Was ein amerikanischer Spruch für die Rede behauptet, gilt ähnlich für die Predigt: „Das menschliche Gehirn ist eine großartige Sache. Im Augenblick seiner Geburt beginnt er zu arbeiten und hört nicht auf damit – bis du dich erhebst, um eine Predigt zu halten.“ Es ist hilfreich zu wissen, daß es ein Bündnis der Predigtängstlichen gibt. Es ist noch hilfreicher zu wissen, daß die Angst vor der Predigt nicht die Ausnahme, sondern der Regelfall ist. Erst recht sind Hemmungen „keinesfalls Zeichen rednerischer Unbegabtheit, – sie sind etwas ganz Regelmäßiges!“ (*F. Schweinsberg*, 452) Deshalb brauchen sich die PredigerInnen nicht zu verstecken. Das, was sie zittern läßt und vor dem sie sich so fürchten, gehört einfach zu jeder Predigt. Sie sind nicht krank und unnormal, wenn sie ihre schlotternden Knie und ihren flauen Magen spüren. Es trifft jeden und jede, die eine Kanzel oder ein Ambo betreten müssen. Aus diesem Grund wäre es kurzschlüssig, die Predigtangst wie so viele andere Ängste zu übergehen oder gar zu verdrängen. Denn die verdrängte Angst vor der Predigt rächt sich in der Predigt und am Prediger selbst.

Die Energie, die die PredigerInnen einsetzen, um ihre Angst nicht wahrhaben zu wollen, entfällt dort, wo sie dringend benötigt wird: während der Predigt. Da die Konzentrationskraft im Kampf gegen die Angst aufgezehrt wird, gefährdet sich der Prediger tatsächlich. Ihm fehlt die an anderer Stelle verbrauchte Energie, und er schafft es nur mit großer Mühe, seinen „roten Faden“ zu halten. Nun schließt sich damit ein weiterer Teufelskreis. Die fehlgeleitete Abwehr der Angst schafft neue Angst, die den Prediger noch stärker bedrängt.

Das Verdrängen der Predigtangst ist keine Lösung. Wie überall im Leben läßt sich die Angst nicht unterdrücken, weil sie in den unbewußten Tiefen des Menschen rumort und plötzlich unkontrolliert ausbricht. Vor solchen vehementen Eruptionen kann sich keiner schützen, auch wenn er seine Angst über eine lange Zeit kontinuierlich verleugnet hat. Nur eine Gegenmaßnahme schützt den Prediger vor der Predigtangst und ihren Überfällen. Er muß die Angst erkennen, bejahen und beim Namen nennen. Das, was ich erkannt, bejaht und benannt habe, kann mich nicht mehr ängstigen. Durch die Annahme meiner eigenen Angst entziehe ich ihr die Möglichkeit, jederzeit und ohne meine bewußte Steuerung zu stören. Unter Umständen ist es wichtig und richtig, die Predigtangst in der Predigt auszusprechen. Für die Anfängerinnen und Anfänger wiegt dieser Rat besonders schwer. Sie werden schnell merken, wie hilfreich es ist, vor der Gemeinde, die die Angst einjagt, solche Angst einzugestehen. Dieses Geständnis befreit den Geständigen von seiner Angst und baut seinen Kontakt zur Hörerschaft auf. Hilfe dergestalt, die psychologisch zutreffend von der Annahme der eigenen Angst ausgeht, findet sich in einigen Rhetorikhandbüchern. „Nimm dir ein Herz, und sag', was du fühlst. Wenn du dich nicht traust, vor anderen zu sprechen, dann laß sie dies wissen... Du kannst deine Ängste abbauen, indem du über sie sprichst" (*K. Pawlowski,* 11 f).

Das, was rhetorisch empfohlen wird, gilt auch homiletisch. Insofern ähneln sich Rede und Predigt bzw. Rede- und Predigtangst. Wer über sie sprechen kann, hat sie angenommen und bejaht. Eine andere Möglichkeit der Bewältigung dieser Angst existiert ohnehin nicht. Es wäre ein Trugschluß zu meinen, sie ganz abschaffen zu können und völlig angstfrei zu predigen. Das Lampenfieber, vor einer Gemeinde frei zu sprechen, begleitet Predigerinnen und Prediger ein Praxisleben lang. Was der Anfänger als Drohung zu versagen erlebt, zeigt sich beim langjährigen Prediger anders. „Er hat Angst, daß er seine Höchstleistung nicht erzielen kann, daß er keinen Erfolg hat oder daß er es nicht schaffen könnte, äußerst situationsgerecht zu argumentieren" (*U. Nix,* 69). Deshalb müssen die Prediger mit ihrer Angst leben. „Jedenfalls ist sicher, daß es ohne ein gewisses Lampenfieber, ohne eine gewisse Erregung beim Redner ebensowenig geht wie beim Bühnenkünstler, und daß bei der Rede ebenso wie auf der Bühne die Spannung nach den ersten Worten mehr und mehr nachläßt. Wie jeder Künstler, ja jeder verantwortungsbeladen schaffende Mensch schlechthin, vor jeder großen, seine ganze Persönlichkeit in Anspruch nehmenden Leistung ein Gefühl innerer Spannung in sich wachhält, das ihn nie völlig unbeschwert sein läßt, so wird es auch beim verantwortungsbewußten Redner sein" (*F. Schweinsberg,* 455). Lassen Sie sich nicht durch die untheologische Diktion verwirren! Wer die beschriebene Spannung bejaht hat, kann sie auf der Kanzel nutzen, vor allen Dingen, wenn er frei predigt. „Das Lampenfieber als seelische Kraft wird umgewandelt in Begeisterung für den Partner und die Sache" (*U. Nix,* 70). Während bei einer Fehlanpassung die Predigtangst alle Kräfte absorbiert, entsteht durch ihre Sublimation neue Energie, die sofort in den Kommunikationsprozeß eingebracht wird. Auf diese Weise fördert das Lampenfieber die kommunikative Fähigkeit der PredigerInnen. Annehmen, bejahen und umwandeln – das ist der richtige Weg, um die Angst vor der freien Predigt zu bewältigen. Das Ausschreiben eines Predigtmanuskripts treibt dagegen in noch größere Ängste hinein.

Das ist eine Phantasieübung. Stellen Sie sich vor, Sie müßten predigen. Sie bekommen Angst. Stehen Sie auf und blicken Sie die Gemeinde, die Sie sich vorstellen, an! Beschreiben Sie allen laut und deutlich, was Sie fühlen und, vor allem, was in Ihrem Körper vorgeht! Horchen Sie ruhig in sich hinein! Erst danach gebrauchen Sie eine übliche Predigtanrede, und Sie setzen sich wieder.

Aus der Literatur: Ein Stammtisch von freiheitsbewußten Schweizer Bürgern will zum Schützenfest mit der neuen Fahne aufziehen. „Die Fahne ragte in der Stube aufgepflanzt, und in ihrem Schatten erhob sich nun die schwierigste Verhandlung, welche die Aufrechten je bewegt. Denn plötzlich stellte sich die Wahrheit heraus, daß zu einer Fahne ein Sprecher gehöre, wenn man mit derselben aufziehen wollte, und die Wahl dieses Sprechers war es, die das siebenbemannte Schifflein fast hätte stranden lassen. Dreimal wurde die ganze Mannschaft durchgewählt, und dreimal lehnte sie es der Reihe nach des entschiedensten ab. Alle waren erbost, daß keiner sich unterziehen wollte, und jeder war erzürnt, daß man ihm die Last aufbürdete und das Unerhörte zumutete. So eifrig sich andere herbeidrängen, wo es gilt, das Maul aufzusperren und sich hören zu lassen, so scheu wichen diese vor der Gelegenheit zurück, öffentlich zu reden, und jeder berief sich auf sein Ungeschick und darauf, daß er es noch nie in seinem Leben getan und weder tue noch tun werde." Gottfried Keller, Das Fähnlein der sieben Aufrechten

3. Erst einmal tief ausatmen!

Wenn der Prediger die Angst vor der freien Predigt angenommen und bejaht hat, hilft ihm eine der Situation angepaßte Atmung, die funktionsgerecht abläuft. Falsches Atmen stört das Predigen, weil es die Angst auf der Kanzel steigert und nicht abbaut. Jede Predigt beginnt mit einem Ausatmen, niemals mit einem Einatmen. Die sprechgünstige Ausatmung zu Beginn öffnet den Prediger, knüpft den Kontakt zwischen PredigerIn und HörerInnen und ermöglicht erst den Dialog.

Es gibt nur eine flankierende Maßnahme, die die Predigtangst in Grenzen hält und nicht vergrößert. Richtiges Atmen kann dem Prediger helfen, trotz der Angst auf der Kanzel kommunikativ zu sprechen. Da Sprechen tönendes Ausatmen ist, scheint der Zusammenhang klar, und dennoch haben gerade Theologinnen und Theologen große Schwierigkeiten, diese simple Einsicht einzusetzen. Sie mißtrauen den Sprecherziehern, die in ihrer Arbeit immer wieder auf den Sinn einer funktionsgerechten Atmung hinweisen. Erst recht lehnen sie dann Atemübungen ab, weil sie angeblich ihre Atmung beherrschen. Obwohl der „Atem“ als theologischer Begriff bedeutsam ist, wird das „Atmen“ in der Praxis des Sprechens und des Predigens kaum beachtet. Nach biblischer Tradition schafft der göttliche Atem den Menschen, und auf diese Weise gehört er zur Grundlage menschlichen Lebens. Er ist nicht aus der Schöpfungsgeschichte des Menschen wegzudenken. „Da formte Gott, der Herr, den Menschen aus Erde vom Ackerboden und blies in seine Nase den Lebensatem. So wurde der Mensch zu einem lebendigen Wesen“ (Gen 2,7). Keinem Tier seiner Schöpfung haucht Gott so persönlich seinen Lebensatem ein. Ohne die Tiere, die ebenfalls Lebensgeist atmen (vgl. Gen 7,22), abzuwerten, begründet sich damit eine besondere Beziehung Gottes zum Menschen. Der göttliche Atem verbindet beides, und er belebt den Menschen. „Personifiziert, individualisiert wird diese göttliche Lebenspotenz aber erst durch ihr Eingehen in den stofflichen Körper; erst der sich mit dem Körper verbindende Odem macht den Menschen zu einem Lebewesen. So ist der V. 7 ein locus classicus der atl. Anthropologie; sie unterscheidet hier aber nicht Leib und ‚Seele‘, sondern realistischer Leib und Leben“ (*G. v. Rad,* 61f). Diese Interpretation zieht sich durch die Hl. Schrift, die die ruah (Atem, Wind, Hauch) Gottes als das Prinzip des Lebens versteht. Aber sie ist noch mehr, sie wird zum Bild für den Heiligen Geist, die dritte Person der Dreifaltigkeit. Ein bekanntes Gebet, das Augustinus zugeschrieben wird, liegt ganz auf der Linie solcher theologischen Tradition, in dem es beginnt: „Atme in mir du, Heiliger Geist, daß ich Heiliges denke.“

Über diese Theologie erreiche ich mit den Kolleginnen und Kollegen schnell einen Konsens. Problematisch wird die praktische Atemarbeit, die notwendig für das Predigen wäre. Am Beginn jedes Homiletiklehrgangs behaupte ich, daß kaum ein Priesteramtskandidat in der Lage sei, richtig zu atmen. Erstaunte Reaktionen und ungläubiges Kopfschütteln sind meist die Folgen. Dann bitte ich einen Studenten, einmal im Kreis seiner Mitbrüder zu atmen. Tatsächlich beobachte ich in fast allen Fällen die typische Fehlatmung. Die Schultern heben und senken sich, die Brust wird krampfhaft herausgestreckt, und im Bauchraum passiert überhaupt nichts (Abb. 7). „Die Fehlatmung ist am Heben des Brustkorbes beim Einatmen zu erkennen. Es ist ihr grundlegender Fehler, der alle anderen Fehler nach sich zieht“ (*J. Parow,* 26). Die richtige At-

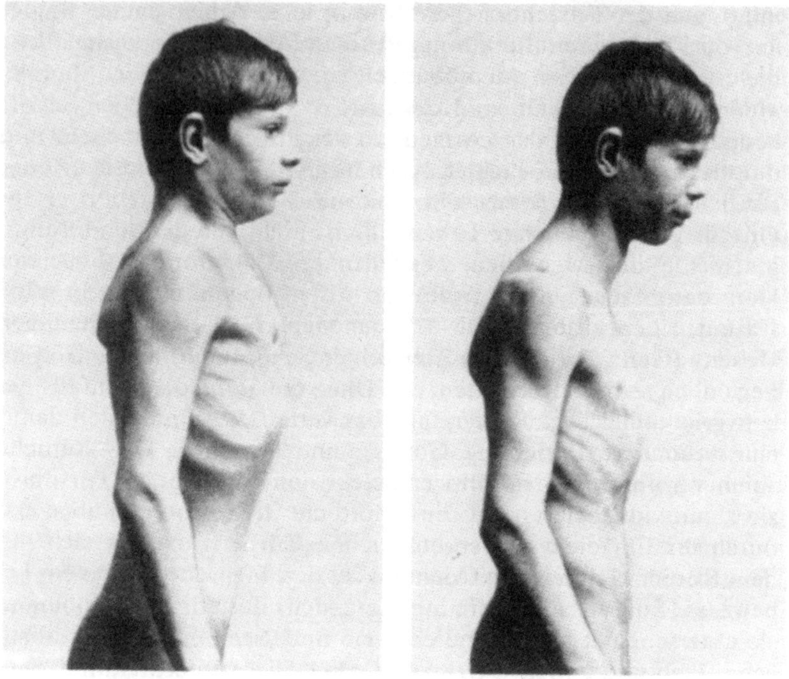

Abb. 7: Ausgeprägte Fehlatmung (meistens als „Tiefatmung“ oder „Vollatmung“ bezeichnet!

mung bewegt dagegen hauptsächlich den Bauchraum, weil in ihm der entscheidende Atemmuskel, das Zwerchfell, liegt. „Die von der normalen Rumpfform abgeleiteten Atembewegungen sind daran zu erkennen, daß sich der Rumpf beim Einatmen spindelförmig, das heißt am meisten in seiner Mitte, der Taille, weitet und beim Ausatmen wieder entsprechend enger wird, ohne daß sich der Brustkorb dabei im geringsten in senkrechter Richtung – auf und ab – bewegt“ (*J. Parow,* 12). Es ist leicht einzusehen, daß durch solche Bauchatmung der menschliche Körper so viel Luft einsaugen kann, wie er für den Gasaustausch zwischen Sauerstoff und Kohlendioxid braucht. Daraus zieht aber auch das Sprechen Nutzen, denn in der Lunge ist genügend Luft vorhanden, um ausatmend die Stimme zu bilden. Die Abbildung 7 beweist, wie dagegen die Schulteratmung die Lufträume einengt und wie sich die Muskulatur verkrampft. Es ist konsequent, daß diese Enge das Sprechen behindert. Übrigens, das deutsche Wort Angst leitet sich von „eng, Enge" ab. Wer mit den Schultern atmet, engt sich ein und wird ängstlich. Dabei geht es nicht nur um das Sprechen, der ganze Mensch schränkt sich ein, wenn er so kümmerlich atmet. Ihm fehlt die Weite, um wirklich frei zu sprechen und zu predigen. Die enge Schulteratmung hat ihm die Luft abgeschnürt, die er für das Sprechen dringend nötig hat. Ohne Luft bekommt er noch mehr Angst, als er ohnehin schon vor der freien Predigt besitzt. Predigerinnen und Prediger können aus solcher Erfahrung nur einen Schluß ziehen: Sie müssen wieder lernen, richtig mit dem Bauch zu atmen. „Das ist die ganz natürliche Form der Atmung, so, wie wir sie auch als Kleinkind selbst praktiziert haben. Aber irgendwo geht auf dem Wege der Erziehung und des zivilisierten Lebensweges diese Fähigkeit verloren, und wir lernen, falsch zu atmen" (*R. Jahnke,* 9). Deshalb bedürfen auch die Theologinnen und Theologen einer Sprecherziehung, damit sie von dieser falschen und angsteinjagenden Angewohnheit wieder loskommen. Denn die richtige Atmung ist das Fundament für die frei gesprochene Predigt.

Noch ein weiterer Angstfaktor kommt hinzu. Die Leistungsatmung, auf die die PredigerInnen in der Streßsituation der Predigt umschalten, ist letztlich eine extreme Schulteratmung, d.h. deren Defizite potenzieren sich auf der Kanzel oder auf dem Ambo. Ein solches Atmen verstärkt das Lampenfieber, anstatt es abzubauen und den Prediger zu beruhigen. Ängstlich hechelt er beständig nach Luft, weil er befürchtet, im engen Schulterraum keine Reserven zu besitzen. Solches Hecheln macht ihn und seine Zuhörerschaft nervös, so daß der Dialog schon durch die Hektik des Sprechens gestört ist. Auf diese Weise schließt sich ein weiterer Teufelskreis: Das gewohnheitsmäßige falsche Atmen verstärkt die Angst vor der freien Predigt. Die starke Angst wiederum läßt den Atem nicht zur Ruhe kommen, so daß sich die Angst und die Leistungsatmung gegenseitig hochschaukeln. Dabei gilt: „Wohl eines der ältesten Mittel gegen Lampenfieber ist die Beherrschung der richtigen Sprechatmung... Mit einer der Redesituation angemessenen Sprechatmung können wir erheblich viel dafür tun, daß sich auch andere Streßsymptome in Grenzen halten" (*D. u. W. Allhoff,* 64). Die situativ angepaßte Sprechatmung als natürliche Zwerchfellatmung ist nur durch beständiges Üben unter fachkundiger Anleitung zu lernen. Eine verkehrte Gewohnheit läßt sich nicht umprogrammieren, indem man ein Kapitel eines homiletischen Lehrbuches durcharbeitet. Es bedarf eines intensiven Trainings, um den

Körper und seine Atmung wieder umzustellen. Zur Umkehr reicht die Lektüre dieser Seiten nicht aus. Sie kann einen Anstoß geben, als Prediger einmal auf die eigene Atmung zu achten, vielleicht auch sie als Fehlatmung zu entlarven und dann therapeutische Schritte zu unternehmen. Mehr ist hier nicht beabsichtigt.

Zum Abschluß hilft den Predigerinnen und Predigern, gleichgültig, ob sie richtig oder falsch atmen, ein Hinweis, der sich beinahe schon wieder theologisch legitimiert. Gott atmete aus, er hauchte dem Menschen seinen Atem ein, und dadurch begann das menschliche Leben. Am Anfang steht also Gottes Aus-atmung. Es allein verschenkt das göttliche Leben. „Die Grundlage ist das Ausatmen. Ein neugeborenes Kind stößt zuerst einen Schrei aus, der auf dem ausströmenden Atmen basiert. Natürlich hat das Kind vorher schon geatmet, aber die Tatsache bleibt bestehen, daß alle Atmung ihre Grundlage in der Ausatmung hat. Erst wenn der Mensch ausgeatmet hat, kann er neue Luft in seine Lunge strömen lassen" (*R. Jahnke,* 10). Von diesem Prinzip darf nicht abgewichen werden, und selbst das Sprechen fällt unter diesen Grundsatz, weil man nur mit dem ausströmenden Atem sprechen kann. Der gut gemeinte, oft gehörte Ratschlag „Bevor du anfängst zu predigen, hol' erst einmal tief Luft!" stellt den natürlichen Funktionsablauf auf den Kopf. Weil das Einatmen niemals der Anfang sein kann, ist diese Empfehlung verfehlt. Wer seine Atmung einmal kontrolliert, der spürt, wie das bewußte Einatmen ihn einengt und nicht weitet. Alltäglich bestätigt sich für ihn die Erfahrung, daß Angst vor einer plötzlichen Bedrohung den Atem stocken läßt. Mitten in der Einatmung bleibt die Luft stecken, weil sich der ganze Brustkorb verengt und verkrampft hat. Solche Enge wirkt wie eine Lähmung der Hals- und Schultermuskulatur. Wie gelähmt, so fühlen sich viele Predigerinnen und Prediger, sobald sie auf dem Ambo oder auf der Kanzel stehen. Deshalb will das freie Sprechen nicht gelingen, weil der Mund wie durch einen inneren Zwang geschlossen bleibt. Dankbar ist man dann für jeden Satz, den man nur von seinem Predigtmanuskript abzulesen braucht, obwohl der vorformulierte Text letztlich nicht befreit, sondern wieder einengt. Ich mache einen anderen Vorschlag, der das freie Predigen funktionsgerecht fördert: „Atme aus! Bevor du zu anderen etwas sagst, atme gut aus (wohlgemerkt: atme aus!). So kann der Kloß im Magen und im Hals verschwinden. Du lernst dabei auch hier, was in deinem Körper vorgeht. Das Ausatmen macht dich leichter und entspannter" (*K. Pawlowski,* 112). Vergessen Sie alles andere! Vergessen Sie vor allen Dingen dieses militärische „Brust raus, Bauch rein!“ am Beginn Ihrer Predigt. Es gibt keine sprechungünstigere Direktive. Aus-atmung – das ist der einzige Rat, den die Anfängerinnen und Anfänger ohne Sprecherziehung sofort umsetzen können. Bevor Sie auf der Kanzel oder auf dem Ambo die ersten Sätze sprechen, stellen Sie sich ruhig hin, und atmen Sie gelassen aus! Verkrampfen Sie sich nicht, weil Sie vor Angst eingeatmet haben. Atmen Sie bewußt aus! Ihr Atem teilt Ihren Zuhörerinnen und Zuhörern ein Stück Ihres Lebens mit, und auf solche Weise beginnt Kommunikation, Mit-teilung. Sie werden merken, wie sich Ihr Brustkorb weitet und wie Sie sich selbst für Ihre Hörerschaft öffnen. Jede Enge, damit manche Angst, weicht von Ihnen, und in dialogischer Gelassenheit werden Sie in der freien Predigt wirklich an-sprechen, be-zeugen und ver-künden.

Haben Sie schon einmal Ihren Atem beobachtet? Wie atmen Sie, wenn Sie entspannt im Sessel sitzen oder auf der Couch liegen? Sie sind gelaufen, kontrollieren Sie danach Ihren Atem!
Atmen Sie einmal schnell und plötzlich ein! Wie fühlen Sie sich?
Atmen Sie ruhig aus! Was spüren Sie jetzt?
Sie diskutieren in einer Runde. Bevor Sie Ihr wichtiges Argument aussprechen, atmen Sie aus und beobachten Sie die Reaktion Ihres Körpers!

Aus der Kunstgeschichte: Im Kölner Dom hängt ein Meisterwerk einer sehr frühen Kreuzdarstellung, das sogenannte Gerokreuz (Abb. 8). Es ist eine der bedeutendsten Plastiken des Mittelalters und die älteste monumentale Darstellung des toten Erlösers am Kreuz, die den Tod des Leibes besonders plastisch darstellt. Anatomisch richtig hängt der Bauch des toten Christus heraus. Das hat der Künstler pointiert dargestellt. Gleichzeitig verweist er dadurch auf einen anatomischen Ort des Lebens, der uns gar nicht bewußt ist: die Bauchhöhle als Sitz des Zwerchfells, mit dem wir ein- und ausatmen. Solange der Bauch atmet, leben wir. Der Atem ist der Lebenshauch Gottes in uns, und der Bauch trägt dieses Leben entscheidend mit. Nach solcher Auffassung ist der Bauch als Atemraum Zentrum des Lebens.

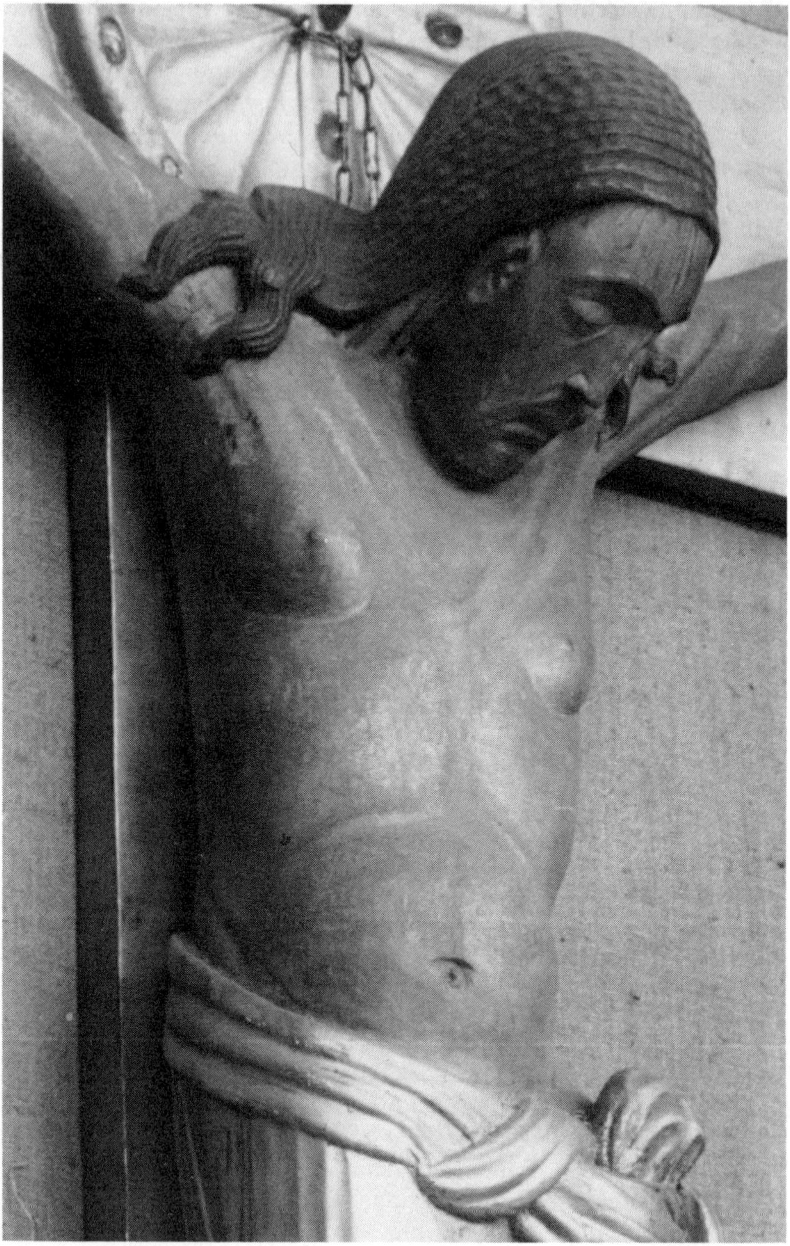

Abb. 8: Köln, Dom. Gerokreuz. Um 970

4. Die Gemeinde ist gar nicht so!

Ein Grund für die Angst vor der Predigt ist die Gemeinde, die vor dem Prediger sitzt und ihm zuhört. Die Gottesdienstversammlung wird oft als Bedrohung erlebt, die besonders bei der frei gesprochenen Predigt zu schaffen macht. Theologisch betrachtet, entpuppt sich diese Angst als eine Fehldeutung der christlichen Gemeinde. Die Hörerinnen und Hörer sind keine Ansammlung von Kritikern, sondern die Gemeinschaft von getauften Schwestern und Brüdern des Predigers oder der Predigerin.

Wer zurückblättert (vgl. III, 1) und noch einmal die dort aufgelisteten Predigtängste durchliest, stellt fest, daß sich ein großer Teil davon auf die versammelte Gemeinde bezieht. Sie jagt dem Priester oder der Predigerin Angst ein. Solche Angst wächst, sobald die Homiletik den PredigerInnen zusätzlich die frei gesprochene Predigt abverlangt. Dann wird die Hörerschaft zur Bedrohung für den Menschen auf der Kanzel, der die Anerkennung der anderen und seine Selbstachtung nicht verlieren will. Gerade die AnfängerInnen fürchten die angebliche Blamage vor der Gemeinde wie der Teufel das Weihwasser. Die versammelten Christen werden zu Punktrichtern der sonntäglichen Predigtdressur. Das ist nicht außergewöhnlich. Es entspricht der Erfahrung, die die Rhetorik im Laufe ihrer Geschichte gesammelt hat. Schon Cicero hatte Angst vor der Bewertung durch seine Hörerschaft. „Denn sooft wir reden, sooft wird über uns gerichtet" (*Cicero,* De oratore I, 123). Was der gefeierte Rhetor der Antike empfand, fühlen erst recht die Predigerin oder der Prediger unserer Tage. „Dann muß man sich vergegenwärtigen, daß die Rede-Angst eigentlich keine Furcht vor dem Reden als solchem ist, vielmehr eine Angst vor den Zuhörern, eine Angst vor der Öffentlichkeit" (*F. Schweinsberg,* 452). Auch diese Angst, wie jede Predigtangst, löst sich nicht durch die Willensanstrengung des Predigers von selbst auf. Sie kann ihm nur raten, die Angst vor den zuhörenden Mitchristen anzunehmen und zu bejahen.

Darüber hinaus bitte ich die Kolleginnen und Kollegen, sich zu fragen, vor wem sie eigentlich Angst haben. Was für eine theologische Größe ist die versammelte Gottesdienstgemeinde? Ohne auf die Diskussion der Praktischen Theologie über den Gemeindebegriff einzugehen, ist mein Ausgangspunkt die Wirklichkeit, wie sie die Prediger Sonntag für Sonntag erleben. Eine mehr oder weniger große Anzahl von Christen versammelt sich in der Kirche des Ortes, um Gottesdienst zu feiern und eine Predigt zu hören. Man unterscheidet bei den Katholiken grob zwei Gruppen: die aktiven Mitglieder dieser Gemeinde, denen der Gottesdienst über die sonntägliche Verpflichtung und Routine hinaus etwas bedeutet. Sie bilden die sogenannte „Kerngemeinde". „Sie besteht aus den mit dem Gemeindeleben eng verbundenen Katholiken, für welche der christliche Glaube die Sinnmitte des Lebens darstellt" (Die Gemeinde, 12). Den restlichen Teil bezeichnet man als „Versammlungsgemeinde". „Sie setzt sich zusammen aus den mehr oder weniger regelmäßigen Teilnehmern am Sonntagsgottesdienst ohne besonderes Engagement in der Pfarrei. Für sie stellt der christliche Glaube nicht unbedingt den absoluten Wert ihres Lebens dar" (ebd.). Diesen beiden Gruppen wird normalerweise gepredigt. Sie bilden die Gemeinschaft unserer Hörerinnen und Hörer, die uns soviel Angst machen und uns am freien Sprechen hindern. Warten sie wirklich nur darauf, daß wir in der Predigt den Faden verlieren, um uns dann genüßlich an die „Blamage" zu erinnern? Zählen sie boshaft jeden Versprecher, der unsere Unfähigkeit, frei zu sprechen, beweist? Sitzen in den Bänken kleine Marcel Reich-Ranickis, die wie „Predigtpäpste" jeden Verkündigungsversuch sezieren und auseinandernehmen? Meine langjährige Erfahrung in der Gemeindearbeit und in der homiletischen Ausbildung belehrt mich eines anderen, als die Richtung dieser Fragen vermuten läßt. Bei den kurzen Predigtnachgesprächen mit den Priesteramtskandidaten wundere ich mich jedesmal über das Einfühlungsvermögen und das Verständnis der teilnehmenden Gemeindemitglieder für die jungen Priester. Zunächst drücken die meisten ihre Solidarität mit dem Studenten aus. „Ich möchte auf keinen Fall da vorne stehen. Ich bekäme kein Wort heraus." Dann reden sie offen und ehrlich über das, was ihnen an der Predigt nicht gefallen hat. Obwohl kaum ein Gemeindemitglied die klientenzentrierte Gesprächsführung beherrscht, signalisieren die Beiträge Annahme und Empathie. Bisher ist noch kein Prediger in unserer Gemeinde „durchgefallen", im Gegenteil: Manche Predigt, die mir homiletisch nicht gelungen schien, erhielt von der Hörerschaft eine positive Wertung. Mich überrascht immer wieder das Wohlwollen, mit dem die Gemeinde den Predigerinnen und Predigern gegenübertritt. Sie erwarten die Predigt, und sie freuen sich über jedes an-sprechende Wort zum Evangelium. So schlecht kommen unsere Predigten in den Ohren der Leute nicht weg. Die Zuwendung der Gemeinde widerspricht der Angst, die wir Prediger vor ihr fühlen. Theologisch müßte eher umgekehrt bei den Predigern ein Wohlwollen für die Gemeinde zu finden sein, das jede Predigtangst vergessen ließe. Viele Predigten beginnen mit der Anrede „Liebe Schwestern und Brüder", und sie drücken auf solche Weise eine verwandtschaftliche Nähe aus, die sich nicht mit der Angst des Predigers verträgt. Predigtanreden sind einerseits Beziehungsdefinitionen, weil sie das Verhältnis des Anredenden zum Angeredeten offenbaren. Andererseits sagen sie viel darüber aus, wie der Anredende die Angeredeten ein- bzw. hochschätzt. Der Prediger, der die Gemeindemitglieder als Schwestern und Brüder bezeichnet, verleiht ihnen eine höhere Würde als derjenige, der sie als Hörerinnen und Hörer auf Distanz hält. „Wo Menschen in Gott einwurzeln, werden sie Söhne und Töchter Gottes, damit untereinander Brüder und Schwestern mit einer wahrhaften Gleichheit an Würde und Berufung" (*P. M. Zulehner,* 229). Diese Solidarität, die der Prediger am Anfang der Gemeinde verspricht, muß er einhalten und vor allen Dingen für sich selbst nutzen. Wenn er am Ambo oder auf der Kanzel vor getauften Schwestern und Brüdern steht, hat er nicht die alleinige Verantwortung für das Gelingen der Verkündigung. „Alle sind Berufene. Alle haben daher am Grundamt der Kirche teil. Alle sind Subjekte mit unvertretbarer Eigenverantwortung" (*P. M. Zulehner,* 130). Entlastet solche theologische Einsicht nicht die Prediger von ihrer Angst? Befreien die ernst genommenen Brüder und Schwestern nicht von dem Zwang sprachlicher und inhaltlicher Perfektion und von der Furcht vor der Blamage? Der Prediger ist nämlich selbst Bruder, die Predigerin Schwester von denen, die sie geschwisterlich hören wollen. Als Bruder oder als Schwester ist jedes Gemeindemitglied für den Prediger kein „Knecht Ruprecht", der jeden Fehler der Predigt unbarmherzig bestraft. Als Getaufte sind die Hörerinnen und Hörer wie der Prediger begnadete, und „der Hörer, erwählt für die Gnade, soll die Gnade, die ihm zukommt, auch für mich, den Prediger, brauchen. Indem der Hörer schon vor meiner Predigt an der Gnade Anteil hat, kommt mir die Gnade im Hörer zuvor" (*R. Bohren,* 470). Welcher Prediger bedenkt die Gnade, die in der anwesenden Gemeinde gegenwärtig ist, längst bevor er mit seinen stammelnden Worten versucht, das Wort Gottes den Brüdern und Schwestern mitzuteilen! Wer das verinnerlicht, braucht keine Angst auf dem Predigtstuhl zu haben, denn die Hörerinnen und Hörer sind begnadete Brüder und Schwestern, die auf das ausgelegte Wort Gottes warten und es miteinander-teilen. Meditieren Sie immer wieder die Gnade Ihrer Gemeinde, mit der Sie durch die Taufe geschwisterlich verbunden sind. „Wohl dem Prediger, der den Rang seiner Gemeinde erkennt! Wohl ihm, wenn er merkt, was er an seiner Gemeinde haben kann!“ (*R. Bohren,* 471) Ja, wohl ihm, wenn er merkt: Vor Geschwistern brauche ich normalerweise keine Angst zu haben! Die Gemeinde ist gar nicht so.

Bei der Lektüre dieses Buches haben Sie schon einmal über Ihre Predigtangst reflektiert. Wenn Sie sich erinnern, welche Rolle haben in dieser Reflexion die Hörerinnen und Hörer für Sie gespielt?
Was meinen Sie: Weshalb jagt eine Gemeinde den PredigerInnen Angst ein? Haben Sie das schon einmal erlebt: Sie wurden von einem Prediger als Bruder oder Schwester angenommen. Woran haben Sie das in der Predigt gemerkt?
Können Sie Ihre (zukünftigen) HörerInnen als begnadete Schwestern und Brüder annehmen?

Aus der Predigtgeschichte: Gregor der Große († 406) hat die Hörergemeinde einer Predigt analysiert. In dieser Analyse dringt die Liebe, mit der Gregor seine Hörerschaft annimmt, durch. Es ist keine Angst zu spüren. „Was sind denn die gespannt lauschenden Herzen der Zuhörer anders als, wenn ich es so ausdrücken darf, die aufgespannten Saiten einer Zither? Um nicht Spiel und Melodie miteinander in Mißklang zu bringen, schlägt sie der Künstler in verschiedener Weise an... Anders sind Männer anzusprechen, anders Frauen; anders junge Männer, anders Senioren; anders Arme, anders Reiche; anders Fröhliche, anders Betrübte; anders Untergebene, anders Vorgesetzte; anders Diener, anders Dienstherren; anders die Klugen dieser Welt, anders Stumpfsinnige; anders die Schamlos-Dreisten, anders die Sittsam-Bescheidenen; anders Hochmütige, anders Kleinmütige; anders Ungeduldige, anders Geduldige; anders Wohlwollende, anders Neidische; anders Arglose, anders Arglistige; anders Gesunde, anders Kranke; anders Wortkarge, anders Redselige; anders Faule, anders Übereifrige; anders Sanftmütige, anders Jähzornige; anders Demütige, anders Überhebliche; usw.“

---

5. Ein weiteres Mittel gegen die Predigtangst: Die Vorbereitung

Die Angst vor der freien Predigt ist eine Realität, die von den Predigerinnen und Predigern abgearbeitet werden muß. Neben den schon genannten Hilfen, um mit dieser Angst fertigzuwerden, zählt eine sorgfältige Vorbereitung zu den unverzichtbaren Stützen, die das freie

Sprechen der Predigt ermöglichen. Wer frei predigen will, bedarf einer konzentrierten Vorbereitung, ohne die sich nicht angstfrei auf der Kanzel oder vom Ambo sprechen läßt. Für diese Vorbereitung muß der Prediger viel Zeit aufwenden.

Der folgende Abschnitt liest sich wie eine Wiederholung (vgl. II, 2), obwohl er eher einen bekannten Aspekt variiert und damit neue Akzente setzt. „Eine sehr häufige Ursache für das Übermaß an Lampenfieber liegt aber auch in ungenügender inhaltlicher Vorbereitung, und zwar viel häufiger, als man annehmen möchte!" (*F. Schweinsberg,* 455) Nicht die zuhörende Gemeinde allein erzeugt im Prediger Angst vor dem freien Sprechen. Auch die Tatsache, nicht oder zu wenig auf die Predigt vorbereitet zu sein, löst Angst aus.

Was die Rhetorik dem Rhetor anbietet, hilft ebenfalls dem Prediger. „An die Spitze unserer Zusammenstellung von Heilmitteln gegen die Redehemmungen gehört die kategorische und strenge Forderung: Bereite dich als junger Redner, den noch Redeangst und Lampenfieber bedrängt, unter Festlegung zahlreicher Stichworte so gründlich wie nur möglich auf dein Thema vor, so daß du das Gefühl hast, es unbedingt zu beherrschen, es geradezu aus dem Ärmel schütteln zu können, um wenigstens stofflich auf keinen Fall unsicher zu sein" (*M. Weller,* 67). Dieser Rat hört sich vielleicht für TheologInnen zu unwissenschaftlich an, aber er legt einen Grundstein der frei gesprochenen Predigt. Es steht fest, daß die frei gesprochene Predigt nur bei einer zeitlich aufwendigen Vorbereitung gelingt. Wer in den Tagen vor der Predigt seine Zeit zu knapp kalkuliert, gerät unter Druck, der die freie Rede auf der Kanzel erschwert. Er muß seine Gedanken und Ideen niederschreiben, damit er in der Kürze der Zeit zu einem einigermaßen haltbaren Ergebnis kommt, das er wenigstens ablesen kann. Ihm fehlen die Stunden, die der Predigtstoff braucht, um vom Kopf in das Herz zu sinken. Deshalb bitte ich alle Predigerinnen und Prediger: Nehmen Sie sich Zeit für die Predigtvorbereitung! Ein alter Pastor, ein gern gehörter Prediger, hat mir einmal anvertraut: „Für eine Minute Predigt-zeit brauche ich eine Stunde Vorbereitungs-zeit!" Sie können leicht ausrechnen, wieviel Stunden Vorbereitung eine fünfzehnminütige Predigt kostet. So einsichtig meine Bitte ist, so umstritten ist sie in der heutigen pastoralen Praxis. Die gestreßten Seelsorgerinnen und Seelsorger wissen nicht mehr, woher sie „Zeit" nehmen sollen. Ständige Verpflichtungen bedrängen sie und schenken ihnen nicht die Ruhe, die die Predigtvorbereitung verlangt. „Ich brauche zur Vorbereitung meiner Predigt Zeit. Ich muß mir darum Zeit nehmen. Jeder Handwerker ist zutiefst gekränkt, wenn man von ihm verlangt, daß er sein Geschäft in einer Zeit vollenden soll, die ihm nicht erlaubt, solide zu arbeiten. Vielleicht darf ich als Diener am Wort auch verlangen, daß die Gemeinde respektiert: dieser Mann braucht zur Vorbereitung der Predigt Zeit" (*R. Bohren*, 374). Gegen diese Grundregel, die besonders für die frei gesprochene Predigt gilt, wird häufig verstoßen. Oft wird die Zeit vertan und an unwichtige Aktivitäten verschenkt. Ich weiß nicht, ob der Kaplan samstags bei der Altpapiersammlung der Jugend den Lkw fahren muß, anstatt sich auf die Verkündigung des Wortes Gottes vorzubereiten. Ich weiß nicht, ob Frau Pfarrerin samstags nach der Trauung unbedingt an der Hochzeitstafel teilnehmen muß, anstatt das freie Sprechen der Sonntagspredigt einzuüben. Manchmal meine ich – und dahinter steckt eigene Erfahrung: Zeit ist ausreichend vorhanden. Wieviel verwendet man davon für die Vorbereitung der frei zu sprechenden Predigt, die zum kerygmatischen Grunddienst der PfarrerInnen gehört? Vielleicht strengt die Arbeit am Kerygma zu stark an, so daß die Anwesenheit bei einer Hochzeitsgesellschaft angenehmer ist. Bissig ausgedrückt klingt es so: „Die Faulheit des Predigers tarnt sich heute gern mit Überbeschäftigung, die sich nicht Zeit nimmt zur Meditation und Vorbereitung der Predigt. Es soll Prediger geben, deren Faulheit es sich nicht einmal leistet, einen freien Tag zu machen, um die Freuden des Sabbats zu genießen. Diese Faulheit scheut die Muße: denn sie könnte zum Nachdenken führen, und Denken ist unbequem. So erscheint denn die Hast und Unrast der Prediger als landläufige Form ihrer Faulheit" (*R. Bohren*, 405). Die Hast, die Unrast, letztlich die Faulheit führen zu einer mangelnden Vorbereitung der Predigt. Dieses Manko vergrößert die Angst vor der frei gesprochenen Predigt, und so bleibt alles beim Alten. Die Schwestern und Brüder in der gottesdienstlichen Versammlung werden zu Opfern, weil der Prediger den virtuellen Dialog über das Evangelium nicht eröffnen kann. Es ist für ihn unmöglich, offen zu verkünden und frei zu bezeugen. Ein gutes Mittel, um sich aus einer solchen Zwangslage zu befreien, ist die solide und zeitlich aufwendige Vorbereitung. Ihr Einsatz lohnt sich, denn sie führt zur frei gesprochenen Predigt.

Welchen Stellenwert hat für Sie die Predigt in der gesamten Gemeindepastoral? Theoretisch und praktisch?
Wie sieht Ihr Arbeitsrhythmus aus? Welchen Tag reservieren Sie sich für die Predigtvorbereitung? Warum gerade ihn? Hat er Vorteile oder sogar Nachteile, um ungestört eine Predigt vorzubereiten?
Was kann Sie bei der Predigtvorbereitung stören? Was kann Ihnen helfen? Akzeptiert die Gemeinde die aufgewendete Zeit für Ihre Predigtvorbereitung?

Aus der Predigtgeschichte: „Denn wenn schon die, welche mit gewaltiger Macht zu predigen verstehen, außerordentliche Übung benötigen, um ihre Redefähigkeit zu bewahren, welch große Widerwärtigkeiten, welch tiefe innere Unruhe, welch starke Verwirrung wird dann der andere auszustehen haben, um mit ungeheurer Mühe nur ein klein wenig Stoff zusammenzubringen, falls er im voraus überhaupt nichts zurechtgelegt hat, sondern es erst für nötig erachtet, nachzusinnen, wenn er bereits auf dem Kampfplatz steht?“ Johannes Chrysostomos († 407)

IV. Die Vorbereitung einer freien Predigt

Das Thema der Predigtvorbereitung ist schon mehrmals angeklungen. Das hat seinen guten Grund, weil sie das Fundament jeder gelungenen Predigt ist. Ich versuchte zu begründen, daß wir ohne Vorbereitung den Schritt auf die Kanzel oder zum Ambo nicht wagen dürfen und sollen. Die Vorbereitung schützt das Wort Gottes und die versammelten Schwestern und Brüder. Wie aber sieht die Vorbereitung auf eine frei gesprochene Predigt aus? Verläuft sie anders als die Ausarbeitung eines schriftlich fixierten Manuskripts, das doch immerhin greifbare Frucht einer intensiven Vorbereitung ist? Der frei sprechende Prediger steht dagegen manchmal mit leeren Händen auf dem Predigtstuhl, was einige auf ein leeres Herz und Hirn zurückführen. Was hat er zu Hause am Schreibtisch anders gemacht? Die aktuellen Homilektiklehrbücher gehen im großen und ganzen vernünftige Wege, um die Predigt stofflich vorzubereiten. Vieles ist klar, und ich brauche es an dieser Stelle nicht zu wiederholen. Ich ergänze da, wo der Akzent nicht auf dem freien Sprechen der Predigt liegt. Was die inhaltliche Vorbereitung angeht, kann man sich auf *Zerfaß* (140ff), *Schwarz* (155ff) und *Hirschler* (566ff) verlassen, weil ihre Wege zum Ziel führen. Sie analysieren, wie die PredigerInnen mit dem Bibeltext umgehen müssen (z.B. *Hirschler* ab 88), wie sie zu Einfällen kommen (z.B. *Zerfaß* ab 62) und welche dienende Rolle die Predigthilfen spielen (z.B. *Schwarz* 44). An ihre Ergebnisse knüpfe ich an, damit ich nicht Bekanntes aufwärmen muß. Das inhaltliche Material, das in der Predigt verwendet wird, ist mit diesen Methoden leicht aufzuarbeiten, so daß der Prediger sich auf das Sprechen konzentrieren kann. Sobald die thematische Ausrichtung der Predigt klar ist und eine Menge Stoff vorbereitet ist (allgemeine Stoffsammlung), beginnt unser Weg zur frei gesprochenen Kanzelrede, und wir stehen dann am ersten Punkt der Kliemschen Regeln (vgl. *R. Kliem,* 231f), die nach eigener Erfahrung zum Freisprechen der Predigt hinführen. Für die homiletische Ausbildung habe ich sie gekürzt und stärker am Predigtgeschehen orientiert:

1. Formulieren Sie den Zielsatz.
2. Bedenken Sie noch einmal den Stoff auf Ihren gesammelten Gedankenzetteln.
3. Ordnen Sie entsprechend vorläufig, ohne Einleitung und Schluß.
4. Nachdem Sie vorläufig geordnet haben, versuchen Sie das Ganze noch einmal zu sprechen. Halten Sie die Lücken im Gedächtnis. (1. Sprechdenkversuch)
5. Füllen Sie die Lücken sprechend aus. Stellen Sie Ihre Argumente evtl. um.
6. Versuchen Sie wieder zu sprechen. (2. Sprechdenkversuch)
7. Fixieren Sie wichtige und scharfe Formulierungen schriftlich. Notieren Sie sich Zitate.
8. Arbeiten Sie Beispiele aus, nicht schriftlich formuliert, aber pointiert, gesteuert wie ein Witz.
9. Versuchen Sie zu sprechen. Bauen Sie 7. und 8. ein. (3. Sprechdenkversuch)
10. Schöpferische Pause. Mindestens einige Stunden, besser einen oder zwei Tage.
11. Gespräch mit einem Freund oder einem Kollegen. (4. Sprechdenkversuch)
12. Überarbeiten Sie den Schluß, formen Sie ihn evtl. schriftlich.
13. Planen Sie die Einleitung, evtl. auch einige Sätze schriftlich.
14. Legen Sie einen ausführlichen Stichwortzettel an und versuchen Sie danach zu sprechen. Mit Uhr und Cassettengerät. (5. Sprechdenkversuch)
15. Kürzen oder ergänzen Sie den Stichwortzettel, verbessern Sie zum letzten Mal. (Evtl. ein letzter Sprechdenkversuch)

Am Ende dieser Vorbereitung, die auf den ersten Blick komplizierter erscheint, als sie ist, steht die frei gesprochene Predigt, weil die angebotenen Schritte gradlinig darauf zulaufen. Haben Sie Mut! Der Weg nach den Kliemschen Regeln ist für jeden Prediger gangbar, und er befreit ihn von Fesseln, die die Predigt unnötig einzwängen.

1. Das Prinzip: Sprechen! Sprechen! Sprechen!

Wer auf der Kanzel oder auf dem Ambo frei sprechen will, muß sich nicht nur auf den Inhalt der Predigt, sondern auch auf ihr Sprechen vorbereiten. Schreiben führt nicht zum Sprechen. Deshalb ist eine Pre-

digtvorbereitung, die einen Predigttext schriftlich ausarbeitet, abzulehnen. Der Prediger sollte sich mit der Methode des Sprech-Denkens anfreunden, die in besonderer Weise das freie Sprechen auf der Kanzel fördert. Es zwingt ihn, schon während der Vorbereitung zu sprechen.

Beim Lesen der 15 Regeln wird Ihnen aufgefallen sein, daß bei einer solchen Art von Predigtvorbereitung kaum geschrieben, aber viel gesprochen wird. Diese Beobachtung ist richtig und trifft den Nagel auf den Kopf. Die frei sprechenden PredigerInnen öffnen ihren Mund nicht erst auf der Kanzel. Sie haben bereits an ihrem Schreibtisch oder in ihrem Arbeitszimmer gesprochen, um das freie Sprechen zu üben. Die meisten Leserinnen und Leser werden überrascht sein, weil ihnen trotz der Lektüre dieses Buches ein anderer Weg zur freien Predigt vorschwebt. „Die freie Rede kann man lernen. Man kann es wenigstens versuchen, etwa so: Man lese den fertigen Predigtentwurf im Laufe des Samstags immer wieder einmal durch, präge sich die Sätze ein, die man wegen ihrer (hoffentlich) gelungenen Formulierung ungern verloren sehen möchte, und skizziere in kurzen Stichworten den gesamten Predigtverlauf. Nach einiger Zeit memoriert man nur noch anhand dieser Stichworte, die man mehr und mehr zusammenstreicht, bis nur noch ein grobes Gerüst von fünf bis sechs Hinweisen übrigbleibt. Einen Zettel mit diesen in hohem Maße abgemagerten Stichworten lege man in seine Bibel, als Rettungsanker für alle Fälle... Diese Methode erlaubt es nach einiger Zeit, den ausformulierten Predigtentwurf durch ein Stichwortskelett zu ersetzen. Doch Vorsicht! Man kann so leicht das Opfer der sprachlichen Nachlässigkeit werden. Auch wer die freie Rede mit der Zeit glänzend beherrscht, tut gut daran, immer wieder einmal einen vollständigen Predigtentwurf zu schreiben" (*H. G. Lubkoll,* 102f). Der Autor stellt die Irrlehre (vgl. I, 2) einiger Homiletiker klassisch dar, obwohl die Praxis der Predigtvorbereitung in vielen Arbeitszimmern der Pfarrämter genau so ausschaut. Schreibend wird das Sprechen vorbereitet, und dieser Weg wird nicht als Sackgasse (vgl. II, 4) erkannt. Wie kann das Schreiben am Anfang der Vorbereitung stehen, wenn auf dem Predigtstuhl gesprochen werden muß?

Das Prinzip für die Vorbereitung einer frei gesprochenen Predigt ist das Aussprechen des Überlegten und Geplanten. Nur Sprechen übt das Sprechen ein. „Reden lernt man nur durch Reden!" (*F. Schweinsberg,* 448) Ein Fußballtraining hilft keinem Handballspieler. Das Vorschreiben als Vorbereitung auf die frei gesprochene Predigt ist ein Taschenspielertrick, den die Homiletik durchschauen müßte. Deshalb verlangt die freie Predigt schon in der Vorbereitung das Sprechen und immer wieder das Sprechen. „Es gibt keinen kontinuierlichen Weg vom Manuskriptschreiben und Memorieren über das Lernen von Stichworten eines Satzes und dann eines ganzen Abschnittes zum Freisprechen. Denn der so beratene ‚Satzmensch' lernt an Hand der fortlaufenden Stichworte beim häufigen Durchlesen des Manuskripts nichts anderes als seine ‚Schreibe', nie aber das freie Sprechen, das auf völlig anderen Voraussetzungen basiert" (*E. Altmann,* 70). Was eine solche Homiletik empfiehlt, ist letztlich ein Auswendiglernen des geschriebenen Textes. Der Prediger lernt selbst dann auswendig, wenn er Stichworte aus dem Manuskript herauszieht und sie als Gedächtnishilfe benutzt. „Ein Auszug aus einer vorliegenden Predigt, auch wenn er in Stichworten angelegt wird, bleibt... ein Auszug und sollte auch stets so benannt werden" (*E. Altmann,* 70). Das mühsame Auswendiglernen ist eine Belastung für die PredigerInnen, die nicht zum freien Sprechen führt, weil jetzt der auswendig gelernte Text innerlich abgelesen wird. Auch aus dieser Sicht ist das Vorschreiben eines Predigtmanuskripts abzulehnen und das vorbereitende Sprechen zu fordern. „Diese radikale Position ist in unserem schriftorientierten Theologiebetrieb auf so massiven Widerstand gestoßen, daß es nicht einmal zur Auseinandersetzung gekommen ist" (*J. Rothermund,* 79). Trotz allem: Die Sprecherziehung beweist, daß Altmann den richtigen Weg zur Vorbereitung einer frei gesprochenen Predigt beschreitet. „Es kann nicht schreibdenkend vorbereitet werden, was für Hörverstehen gedacht ist. Die Orientierung von Gesprächsbeiträgen und Reden am Hörverstehen verlangt konsequent sprechendes Planen und Vollziehen" (*H. Geißner,* 174). Wichtig scheint mir, daß das Planen eines Redebeitrags und damit auch der Predigt sprechdenkend begonnen wird. Dieser Aspekt fand vorsichtige Aufnahme bei einigen Predigtlehrern, so daß das Prinzip des vorbereitenden Sprechens in der Homiletik nicht ganz unbekannt ist. „In sog. Sprechdenk-Versuchen kann der Prediger bei der Predigtvorbereitung dem Gesichtspunkt der ‚gesprochenen Sprache' besser gerecht werden als durch eine schriftliche Predigtvorbereitung" (*J. Müller,* 339). So „bereitet sich der Prediger... durch das gesprochene Wort vor" (*J. Müller,* 340). Zerfaß hat dieses Prinzip der gesprochenen Predigtvorbereitung ausdrücklich betont. „Die Predigt wird also nicht auswendig gelernt, sondern in mehreren leicht voneinander variierenden Durchgängen sprechdenkend angeeignet" (*R. Zerfaß,* 124).

Sprechen und Denken sind die Pfeiler einer Predigtvorbereitung, die das freie Predigen ermöglicht. Die Sprecherziehung zieht beide Begriffe zusammen und definiert damit das Sprech-denken, das sowohl die Vorbereitung als auch die Predigt trägt. Mehrere Sprechdenkversuche liegen auf dem Kliemschen Weg der 15 Regeln und bereits davor, wenn die Predigerinnen und Prediger ihren Stoff sammeln. Was bedeutet solches Sprechdenken nun genau? Ist mit ihm die Forderung nach der gesprochenen Vorbereitung erfüllt? Wenn sich die PredigerInnen mit der Perikope vertraut machen, fallen ihnen sofort Ideen und Gedanken ein, die sie in der Predigt verwenden könnten. Schon in diesem frühen Stadium der Vorbereitung ist es notwendig, diese Überlegungen nicht nur im Kopf zu behalten, sondern sie auszusprechen. Schnell werden die Verkünder dann merken, wie solches Sprechen neue Gedanken provoziert. „Das laute Denken beeinflußt nicht nur die Lebensnähe der Ausdrucksweise, es bringt vor allem die Gedanken selbst in Fluß" (*F. Schweinsberg,* 451).

Auf diese Weise hängen Denken und Sprechen zusammen, und es wird in der Vorbereitung das vorweggenommen, was das freie Predigen ausmacht. Die PredigerInnen kommen durch das Sprechen zum Denken und durch das Denken zum Sprechen. Die ersten Ideen müssen festgehalten werden. Notieren Sie diese bitte einzeln und nur ein Stichwort auf einen Gedankenzettel, so daß Sie am Ende dieser Vorbereitungsphase oft gesprochen und einige Stichworte gesammelt haben. Für die Gedankenzettel hat sich die Karteikartengröße bewährt, weil man sie dann wie Karteikarten handhaben kann. Es ist bei diesem Verfahren wichtig, so wenig wie möglich zu schreiben und auszuformulieren. Auf solche Gedankenzettel gehören wirklich nur Stichworte, auf keinen Fall ganze Sätze. Einige Ausnahmen erlauben die 15 Regeln. Die Prediger brauchen nicht zu beweisen, daß sie ein lebendiges Zitatenlexikon sind. Es ist nicht notwendig, auf dem Predigtstuhl auswendig zu zitieren. Deshalb gehören Zitate voll ausformuliert auf die Gedankenzettel. Gelungene Formulierungen, die dem Prediger wichtig und kostbar sind, behandelt man ähnlich wie die Zitate. Als Einstiegs- und Schlußhilfe sind die wenigen schriftlich ausformulierten Sätze des Anfangs und des Endes gedacht. Ansonsten wird während der Vorbereitung nur gesprochen. Wer frei predigen will, muß sprechen, sprechen, sprechen...!

Vielleicht wandern Sie zur Vorbereitung der Sonntagspredigt in Ihrer Wohnung auf und ab. Die Bewegung provoziert das Denken, das wiederum das Sprechen fördert. Das Cassettengerät sollte zur Hand sein, damit Sie Ihre Sprechversuche nachher kritisch hören können und das Gesprochene kontrollierbar wird. Sie werden zu Ihrem eigenen Hörer, und Sie erkennen auf diese Weise Bruchstellen, die Sie noch kitten müssen. Es mutet oft komisch an, laut sprechend im Arbeitszimmer die Predigt zu entwickeln. Schließlich steht dort ein Schreibtisch und kein Sprechpult. Was denkt Ihr Mann, Ihre Frau, Ihre Haushälterin, wenn Sie für sich alleine sprechen? Selbstgespräche gelten vielfach als Zeichen geistiger Verwirrung, obwohl sie auch im alltäglichen Leben helfen, Probleme zu lösen. Ich gestehe, daß ich manchmal in Konflikten das klärende Gespräch vorher mit mir selbst durch„spiele“, laut durch„spreche“. Es hilft mir mehr, als nur gedanklich an schwierige Situationen heranzugehen. Im Priesterseminar wußten meine Zimmernachbarn immer, wann ich meine Predigt vorbereitete. Sie hörten meine Sprechdenkversuche. Vielleicht ist dieser Weg für Sie fremd, dennoch stellt er eine hilfreiche Möglichkeit dar, sich freizupredigen. Diese Methode besitzt eine Schwäche, die darin besteht, „daß die Sprechdenkversuche keine Anrede, sondern Selbstgespräche, lautes Denken sind. Redesituation läßt sich eben nicht vorwegnehmen“ (*J. Rothermundt,* 84). Es ist klar, daß auch diese Art der Predigtvorbereitung – wie jede andere Weise, eine Predigt vorzubereiten – „Laborsituation“ ist. Das für die Predigt notwendige Gegenüber fehlt, so daß der Dialog zu kurz kommt. Eine Rückkopplung, ein lebendiges Hin und Her ist nicht möglich. Manche versuchen, geschickt dieses Defizit auszugleichen, in dem sie sich konkret einen Hörer oder eine Hörerin während ihres Selbstgespräches vorstellen. Ihm predigen sie, und er steht stellvertretend für die ganze Hörerschaft. Schließlich kennen wir legitime Selbstgespräche, für die der Monolog im Theater ein Beispiel ist. „Rede wirkt befreiend, wie wir es im Selbstgespräch und selbst beim Tagesbuchschreiben erleben. In solcher Affektentladung liegt ein gut Teil der Gnade dichterischen, vor allem lyrischen Aussagevermögens“ (*Ch. Winkler,* 44).

„Ein anderer, mehr pragmatischer Nachteil der Methode ist, daß sie so weit von den üblichen Arbeitsgewohnheiten des Theologen entfernt ist, daß sich wohl nur wenige damit befreunden werden“ (*J. Rothermundt,* 84). Ich vermute, daß das Vorurteil der Theologinnen und Theologen, ausschließlich schriftlich Theologie und Verkündigung treiben zu müssen, die freie Predigt bisher verhindert hat. Das vorbereitende Sprechen als theologisches Handeln liegt für sie so weit weg, daß es das Predigtgeschehen nicht beflügelt. Trotzdem gilt: Wer sprechen will, muß sprechen lernen, indem er sprechen übt. Seit 17 Jahren predige ich fast regelmäßig Sonntag für Sonntag. Als „alter Hase" brauche ich immer noch zwei bis drei Sprechdenkversuche à la Kliem während der Predigtvorbereitung. Für mich lautet ein sinnvoller Imperativ der Homiletik: Bereite Deine Predigt vor, in dem Du sie mehrmals durchsprichst. Hier liegt die unbestreitbare Stärke des vorbereitenden Sprechens. Es verhindert, „daß die Predigtskizze zu einem Schriftstück wird" (*J. Rothermundt,* 84).

Wie be(ver)urteilen Sie Menschen, die Selbstgespräche führen?
Reden Sie mit sich selber? In welchen Situationen? Haben Sie Angst, daß man Sie entdeckt?
Können Sie sich vorstellen, Ihre Predigt sprechend vorzubereiten? Was hindert Sie daran? Wenn Sie schon predigen, haben Sie Ihren Predigtentwurf zu Hause einmal laut durchgesprochen? Warum nicht? Geben Sie den Inhalt des eben gelesenen Abschnittes laut mit eigenen Worten wieder.

Aus der Predigtgeschichte: „Wenn er auch eine große Redegewalt besitzt – die man freilich nur bei wenigen antreffen dürfte –, so ist er doch nicht fortwährender, mühevoller Arbeit enthoben. Denn da die Beredsamkeit nicht Naturanlage, sondern Sache fleißigen Erlernens ist, läßt sie selbst den, der hierin den Höhepunkt erreicht hat, im Stich, wenn er nicht durch anhaltenden Fleiß und beharrliche Übung seine Begabung weiterbildet." Johannes Chrysostomos († 407)

---

2. Sofort laut lesen!

Die Vorbereitung einer frei gesprochenen Predigt beginnt mit dem lauten Lesen der biblischen Predigttexte. Auf diese Weise kommt die Perikope zum ersten Mal zur Sprache, und der Prediger hört sie so, wie sie die Hörerinnen und Hörer im Gottesdienst hören werden. Das laute Lesen der Perikopen ist der erste Sprechversuch der Predigt. Das Augenlesen verschenkt die Chance, das Sprechen möglichst früh einzuüben.

Die katholische Perikopenordnung bietet für jede sonntägliche Eucharistiefeier mindestens drei biblische Texte an, von denen einer in der Predigt ausgelegt werden kann. Am Anfang der Vorbereitung besitzen die PredigerInnen oft nicht zuwenig, sondern zuviel Stoff, weil das II. Vatikanische Konzil den „Tisch des Gotteswortes reicher bereitet“ hat (Liturgiekonstitution Nr. 51). Die wichtigsten Teile der Hl. Schrift sollen in den Gottesdiensten im Laufe mehrerer Jahre vorgetragen werden. Was für die ökumenische und die biblische Bewegung ein Fortschritt war, stellt für manche Predigerinnen und Prediger eine Gefahr dar. Das reichliche Textangebot verführt sie dazu, möglichst viel in ihrer Predigt unterzubringen. Sie wollen keinen der drei Texte übergehen und planen lang und ausführlich. Damit sind die ersten Schritte zum Predigtmißerfolg vorprogrammiert. Deshalb ist es ihre Pflicht, zu Beginn der Vorbereitung einzugrenzen und sich auf einen Predigttext zu beschränken.

Die Auswahl beginne ich mit dem Schritt, den beinahe jedes homiletische Lehrbuch vorschlägt. Rechtzeitig, mindestens eine Woche vor dem Predigttermin, lese ich mir die drei Perikopen durch. Mein Gang der Vorbereitung unterscheidet sich an dieser Stelle von dem der meisten Kolleginnen und Kollegen. Ich lese mir die Texte des Sonntags bewußt laut vor, während die Schwestern und Brüder sie still mit ihren Augen überfliegen. Seitdem sie in der Schule so lesen gelernt haben, lesen sie für sich nur noch mit ihren Augen. Solches Augenlesen stört niemanden im Haus, es ist praktisch und geht sehr schnell. Bei der Informationsfülle unserer Zeit ist Schnelligkeit eine unverzichtbare Eigenschaft. Die Flut der Informationen wäre sonst für die unter Zeitdruck stehenden Pfarrerinnen und Pfarrer nicht mehr zu bewältigen. Es ist genauso unüblich, alleine laut zu lesen, wie mit sich selbst zu sprechen. In der Antike las man grundsätzlich laut, wie es die Apostelgeschichte berichtet. Der Hofbeamte der äthiopischen Königin fuhr von Jerusalem heimwärts. „Er saß auf seinem Wagen und las den Propheten Jesaja. Und der Geist sagte zu Philippus: Geh und folge diesem Wagen. Philippus lief hin und hörte ihn den Propheten Jesaja lesen“ (Apg 8,29). Für Augustinus war es ungewohnt, still zu lesen. Es überraschte ihn, als er das zum ersten Mal bei Ambrosius erlebte. Das laute Lesen als Selbstbeschäftigung ist lange aus der Übung, obwohl seine Vorzüge für die Predigtvorbereitung klar auf der Hand liegen. Zum einen höre ich die biblischen Texte so, wie sie die Gemeinde im Gottesdienst hören wird. Das Evangelium kommt im Ohr an, wo es von seiner theologischen Bestimmung hinge-hört. Zum anderen zwingt mich das laute Lesen, auf den Sinn der Perikopen zu achten und sie nach Sinneinheiten zu gliedern. Auf solche Weise erarbeite ich eine vorläufige Struktur der Texte, die mich an wichtige Aussagen heranführt, ohne daß ich schon einen Kommentar studiert habe. Inzwischen haben die Lektionare den PredigerInnen diese Arbeit abgenommen, obwohl sie sich nicht vorschnell auf die vorgefertigte Sinngliederung verlassen sollten. Noch spannender beim lauten Lesen wird die Frage nach der richtigen Betonung. Welches Wort trägt den Sinn des Satzes? Und warum? „Bittet, dann wird euch gegeben" (Lk 11,9). Betone ich das „bittet", dann liegt der Akzent bei der Gebetsaktivität des Menschen. Lege ich den Hauptton auf „gegeben", steht das gnadenhafte Geschenk Gottes an den Menschen im Vordergrund. Die Entscheidung hängt vom Kontext ab, den ich ebenfalls laut lesen muß. In dieser Perikope verrät das vorausgehende Gleichnis (Lk 11,5–8), in welche Richtung der Vers zu verstehen ist. Lautes sinngemäßes Lesen der Bibeltexte macht ihren inneren Aufbau deutlich, verweist auf die Mitte der theologischen Aussage und hilft mit bei der Auswahl der einen Predigtperikope.

Neben der Strukturhilfe reizt mich am lauten Lesen der Perikopen ein anderer Vorzug. Die Frage nach der Betonung beweist, daß das laute Lesen Sprechen ist, und um eine frei gesprochene Predigt vorzubereiten, muß ich sprechen, sprechen, sprechen. Wenn ich den Bibeltext mit den Augen überfliege, habe ich die erste Sprechmöglichkeit verschenkt. *Rolf Zerfaß* schreibt in seinem empfehlenswerten Büchlein „Lektorendienst" über das stille Lesen: „Unsere Augen sind flott dabei, aber unsere Zunge ist lahm. Wir können mit großer Geschwindigkeit eine Seite überfliegen, aber wir sind nicht trainiert, ‚zur Sprache zu bringen', was wir mit den Augen aufnehmen" (14). Je mehr man gewohnt ist, mit den Augen zu lesen, desto schwerer ist es, das Gelesene „zur Sprache – besser – zum Sprechen zu bringen". Das laute Lesen reproduziert Sprechen, und es ist selbstverständlich mit dem produzierenden Sprechen einer Rede verwandt. Insofern baut das laute Lesen eine Brücke zum freien Sprechen der Predigt. Warum sollten die PredigerInnen diesen Brückenschlag ablehnen? Das laute Lesen der Bibeltexte wird zur sinnvollen Schulung für den, der das freie Sprechen auf der Kanzel trainieren will. Die ersten Übungsstunden für die freigesprochene Predigt sind die lauten Leseversuche der sonntäglichen Perikopen. Wer vom geschriebenen Predigtmanuskript wegkommen will, überlese einen Rat von *A. Schwarz,* den er für die Schriftbetrachtung gibt. „Andere wiederum schreiben die Bibelstelle mit der Hand ab und verinnerlichen sich den Text Wort für Wort“ (18; auch *H. Albrecht,* 106). Dieser Umgang mit der Bibel mag von Ehrfurcht zeugen, aber er führt wiederum vom Geschriebenen zum Geschriebenen, nicht zum Gesprochenen. Deshalb rate ich allen Kolleginnen und Kollegen, die biblischen Predigttexte am Anfang ihrer Vorbereitung laut zu lesen. In der Überzeugung, bisher gut und verständlich in der Kirche vorgelesen zu haben, verschließen sich viele dieser Bitte. Dabei geht es mir in erster Linie nicht um ein gekonntes Vorlesen, sondern um das einübende Sprechen als Weg zur frei gesprochenen Predigt.

Ein theologisches Motiv läßt mich seit längerem über das laute Lesen der Hl. Schrift nachdenken. Viele Homiletikbücher beginnen die Predigtvorbereitung mit einer Meditation des Predigttextes (z.B. *R. Bohren,* 348ff; *W. Schütz,* 101ff; *A. Schwarz,* 17ff). Der Begriff kommt vom lateinischen „meditari“ und bedeutet „nachsinnen, überdenken“. Die Vulgata gebraucht ihn im zweiten Vers des berühmten Psalms 1, der den Mann lobt, der Freude „hat an der Weisung des Herrn, über seine Weisung nachsinnt bei Tag und bei Nacht“ (Ps 1,2). Meditation bedeutet in diesem Zusammenhang die ununterbrochene Beschäftigung mit der Hl. Schrift. Martin Buber hat dieses „meditari“ anders übersetzt. Es ist ein Glück des Mannes, der „Lust hat an SEINER Weisung, über seiner Weisung murmelt tages und nachts.“ „Murmeln bezeichnet das leise murmelnde Sich-selbst Vorlesen der Heiligen Schrift..., das Brummeln, Murmeln eines Mannes, der in seiner unpunktierten Thorahandschrift mühsam Wort um Wort kennziffert und mit halblauter Stimme ausspricht, um dann das Gelesene zu repetieren, sich klarzumachen und einzuprägen...“ (*R. Bohren,* 349). Ohne aufzuhören, spricht der gottgefällige Mensch die überlieferten Texte laut vor. Lautes Lesen gehört zur richtigen Meditation. Dem Psalm geht es nicht um die frei gesprochene Predigt eines glücklichen Menschen. Für ihn ist das murmelnde Sprechen der Weg, um das Wort der Thora zu verinnerlichen, d.h. in die eigene Existenz hineinzuholen. Der existentielle Ansatz verweist auf die Predigt, die als Verkündigung die Existenz anderer an-spricht und als Zeugnis den Glauben der eigenen Existenz aus-spricht. „Meditation heißt, stille werden, um das wegweisende Wort zu hören, heißt, dieses Wort nachsprechen, damit die Existenz ‚wörtlich‘ werde“ (*R. Bohren,* 352). Die Predigerinnen und Prediger hören als erste das Evangelium, indem sie es sich laut vorlesen, bevor sie es den anderen zu-sprechen.

Wann und wie fangen Sie mit Ihrer Predigtvorbereitung an?
Wie setzen Sie sich mit den Sonntagsperikopen auseinander? Haben Sie sich die vorgeschriebenen Texte laut vorgelesen? Warum nicht?
Meditieren Sie „murmelnd" Psalm 1!
Was lesen Sie sich laut vor? Zeitung, Gedichte, Erzählungen, Witze, Romanauszüge?

Aus der Predigtgeschichte: „Wenn er (Ambrosius) aber las, so glitten die Augen über die Blätter, und das Herz spürte nach dem Sinn, Stimme und Zunge aber ruhten. Oft, wenn ich zugegen war – denn niemand war der Zutritt verwehrt, noch war es üblich, ihm Besuche anzumelden –, sah ich ihn so still ins Lesen versunken, und anders nie." Augustinus († 430)

3. Das Vorbereitungsgespräch – ein dialogischer Sprechdenkversuch

Die Predigt als virtueller Dialog verlangt eine dialogische Vorbereitung, d.h. der Prediger muß über die zu haltende Predigt im Gespräch sein. Dieses Vorbereitungsgespräch ist ein dialogischer Sprechdenkversuch, der in die Reihe der anderen Sprechdenkversuche hineingehört. Der aktuelle Dialog verwirklicht das Prinzip, sich sprechend auf die Predigt vorzubereiten.

Die 11. Kliemsche Regel plant in der Predigtvorbereitung ein Gespräch mit einem Freund oder einem Kollegen als Sprechdenkversuch ein. An dieser Stelle ist die Homiletik der Sprecherziehung einmal voraus. Obwohl die Rhetorik vom Gespräch als Modell der Rede ausgeht, folgern die Rhetoriker bis auf *H. Geißner* daraus wenig. Die Vorbereitung der freien Rede vollzieht sich wie bisher schriftlich. Die Homiletik dagegen hat aus verschiedenen Gründen die Sprechdenkversuche eingeführt, die oft sogar dialogisch sind. Die Predigt wird nur zum virtuellen Dialog, wenn ihre Dialogfähigkeit in einem aktuellen Gespräch getestet wurde (vgl. II, 5). Es nützt nichts, den monologischen Charakter einer Predigt zu verteufeln, ohne Konsequenzen für die Vorbereitung zu ziehen. Wer sich als Prediger vom Monolog verabschieden will, muß den Dialog während der Predigtvorbereitung einüben. Ein dialogisches Vor – den Menschen – sprechen verlangt ein Mit – den Menschen – sprechen. Die oft zitierte Mündigkeit der Christinnen und Christen bleibt leeres Geschwätz, wenn die Prediger nicht den Dialog in ihrem Predigtdienst versuchen (vgl. III, 4). „So wird praktisch ernst genommen, was theologisch ‚an sich' klar ist: daß nämlich Gottes Geist nicht nur im amtlichen Prediger, sondern in jedem Christen gegenwärtig ist und sich zu Wort melden kann" (*J. Pietron,* 130). Der Apostel Paulus, von sich und seiner Berufung überzeugt, wußte um die Notwendigkeit des geistlichen Gesprächs in der Gemeinde. „Ich möchte euch geistliche Gaben vermitteln, damit ihr dadurch gestärkt werdet, oder besser: damit wir, wenn ich bei euch bin, miteinander Zuspruch empfangen durch euren und meinen Glauben" (Röm 1,11f).

Rhetorisch und theologisch ist ein Gespräch mit anderen, seien es Kollegen oder Hörer, vor der Predigt ratsam, methodisch ist es unumgänglich, sie einmal mit anderen durchzusprechen.

Kliem setzt den dialogischen Sprechdenkversuch an das Ende der Predigtvorbereitung, obwohl er auch an ihrem Beginn sinnvoll sein kann. In der frühen Phase stimuliert ein Gespräch die Kreativität und verhilft zu den ersten gesprochenen Formulierungen. „Um den Tisch herum sitzen außer mir acht Jugendliche... Dann – nach einem Moment, in dem alle ruhig werden – liest ein Mädchen die Erzählung von der Himmelfahrt Jesu (Apg 1,1–12) in der Übersetzung vor, die auch im Gottesdienst verlesen wird. Die ersten Äußerungen kommen noch zögernd... ‚Himmel und Hölle', sagt einer. Einem anderen fällt ein: ‚Vatertag, Ausflug ins Grüne'. Weiter heißt es: ‚Christus als Weltherrscher.' ‚Reagan, Breschnew.' ‚Geld regiert die Welt.' ‚Unsere Heimat ist im Himmel.' ‚Himmelfahrt des Elija', wirft ein besonders bibelkundiger Teilnehmer ein. Jetzt geht es in liturgischen Assoziationen weiter: ‚Höhepunkt der österlichen Zeit. Pfingsten. Bittage. – Warum eigentlich die Bittage in den Tagen vor Christi Himmelfahrt?' ‚Mir ist die Erde, ehrlich gesagt, lieber als der Himmel!' ‚Warum denn gleich in die Luft gehen? Greif lieber zur HB' (allgemeines Lachen). ‚Einer der Raumfahrer: ich habe da oben keinen Gott gesehen!'..." (*J. Pietron,* 127). Wenn sich der Prediger an diesem Brainstorming beteiligt hat, hat er nicht nur Ideen für die Predigt gesammelt, sondern das ausgesprochen, was zum Predigtentwurf hinführt oder vielleicht schon ein Stück der Predigt ist. Die Gedanken schlummern nicht im Hirn des Predigers, weil sie ihm bereits auf der Zunge lagen. Je früher die Predigtideen vom Kopf in den Mund wandern, desto leichter läßt sich die Predigt frei sprechen. Wer die Möglichkeit besitzt, in einer Gruppe von Gemeindemitgliedern oder mit einem einzelnen die dialogischen Sprechdenkversuche am Anfang durchzuführen, sollte die Chance nutzen. Für ihn entwickelt sich das Sprechen aus seinem Denken und das Denken aus seinem Sprechen, so daß dieser Schritt legitim als Sprech-denkversuch bezeichnet wird und eine Hilfe für die frei gesprochene Predigt ist. „Wenn du etwas wissen willst und es durch Meditation nicht finden kannst, so rate ich dir, mein lieber sinnreicher Freund: mit dem nächsten Bekannten, der dir aufstößt, darüber zu sprechen. Es braucht nicht ein scharf denkender Kopf zu sein, auch meine ich es nicht so, als ob du ihn darum befragen sollst. Vielmehr sollst du es ihm selber allererst erzählen... ‚Die Idee kommt beim Reden.' Oft sitze ich an meinem Geschäftstisch über den Akten, und erforsche, in einer verwickelten Streitfrage, den Gesichtspunkt, aus welchem sie wohl zu beurteilen sein möchten... Und siehe da, wenn ich mit meiner Schwester davon rede, welche hinter mir sitzt, und arbeitet, so erfahre ich, was ich durch ein vielleicht stundenlanges Brüten nicht herausgebracht haben würde" *(H. v. Kleist).* Da die Predigt vom Gespräch abstammt, ist das Sprechdenken beiden gemeinsam. Deshalb führt ein vorbereitendes Gespräch zum freien Sprechen der Predigt hin. Jede Predigtvorbereitung, die zum freien Predigen erziehen will, muß diesen Zusammenhang beachten.

Sobald der Predigtentwurf fertig ist, kann ihn der Prediger zur Diskussion stellen. Dann spricht er mit anderen über das, was er auf der Kanzel sagen will. Werfen wir einen Blick auf eine solche Gesprächsrunde. „Einer aus dem Kreis, der nämlich, der am nächsten Sonntag predigen wird, trägt den Rohentwurf seiner Predigt vor. Aber er liest sie nicht ab, sagt auch nicht: ‚Hört mal bitte zu! Sonntag möchte ich damit beginnen, daß ich den Leuten sage... Und nach der Einleitung fahre ich dann so fort, daß ich deutlich mache...', sondern er ‚predigt' hier und jetzt den acht anwesenden Personen. Diese Gruppe ist jetzt seine Gemeinde; zu ihnen spricht er in direkter und freier Rede. Anders als bei der Predigt am Sonntag in der Kirche ist nur, daß seine Hörer ihre Reaktionen nicht nur durch interessiertes Zuschauen, Räuspern, ‚Wegsehen' oder, wenn es hochkommt, durch einen nachträglichen Telefonanruf kundtun können, sondern jetzt direkt, während des Predigtvortrages äußern sollen: Unversehens wird sich so aus der Predigt ein Gespräch entwickeln" (*J. Pietron,* 128 f). Falls der Predigtplan virtuell dialogisch ist, aktualisiert sich schnell der Dialog. Sonst spürt der Prediger schon an der ausbleibenden Reaktion, daß er den Dialogcharakter der Predigt in seinen Vorüberlegungen nicht genügend beachtet hat. Vielleicht ist ihm ein Vortrag gelungen, der kommunikativ an den Hörerinnen und Hörern vorbeirauscht. Der dialogische Sprechdenkversuch hilft ihm dann, neu zu planen, zu kürzen und zu verbessern. Er merkt, „wo er sich unklar ausdrückt, wo er sich widerspricht, wo er den ‚roten Faden' verliert, wo er Begriffe und Vorstellungen einführt, die der Lebenswelt der Hörer fremd sind" (*J. Pietron,* 129). Das allein macht nicht den Wert der Vorgespräche aus. Er liegt darin, daß die PredigerInnen dialogisch ihre Predigt vorbereiten. Die Gespräche zwingen den Prediger, das Vor-schreiben im Arbeitszimmer zu vergessen und statt dessen zu sprechen. Sie sind weitere Übungsstunden der freien Rede auf der Kanzel, gleichgültig in welcher Vorbereitungsphase er das Gespräch gesucht hat. Wegen der inneren Zuordnung von Predigt und Gespräch erreicht ein solches Kommunikationstraining sein Ziel.

Ich lade alle Schwestern und Brüder im Predigtdienst ein, das Gespräch vor der Sonntagspredigt zu suchen und zu führen. Für mich gibt es keine bessere Möglichkeit, meine Predigt dialogisch zu gestalten, Ideen zu produzieren und das freie Sprechen einzuüben. Wenn ich keine Gruppe finde, mit der ich über meinen Predigtentwurf sprechen kann, rufe ich samstags einen Kollegen an und erzähle ihm am Telefon – das ist ein telefonischer Sprechdenkversuch –, was ich am Sonntag predigen will. An der „Strippe" entsteht ein kurzes Gespräch, das von mir Sprechdenken verlangt. Bevor ich einhänge, antwortet der Kollege mit seinem Sprechdenkversuch. Diese Kommunikation am Telefon läßt mich mit einem anderen sprechen und führt mich in eine dialogische Grundhaltung hinein. „Bei diesem begleitenden Gespräch kommt, so man hat, der Pfarrfrau eine besondere Bedeutung zu als dem Gemeindeglied, das mir am nächsten steht. Vielleicht spreche ich schon die Disposition durch, ganz sicher will ich ihr die ausgearbeitete Predigt vorlesen. Sie hat den Text in mir bewegt, soll Kritik üben, mir alles Unnötige, Unklare, Schwülstige anstreichen. Sie soll den Mann nur ja nicht schonen, und ein rechtschaffener Prediger soll sich nicht verdrießen lassen, noch einmal anzufangen, wenn das Erarbeitete nicht taugt" (*R. Bohren,* 381). Auch wenn Bohren vom geschriebenen Manuskript ausgeht und inzwischen als erste Hörer auch Pfarrmänner existieren, weist er zurecht darauf hin, daß die nächsten Hausgenossen zum Predigtvorgespräch kompetent sind. Sie werden schnell übersehen, oder ihre Kompetenz wird nicht richtig eingeschätzt. Manche PredigerInnen stellen dann ein Jesus-Wort auf den Kopf. „Die Heimat wird von keinem Propheten anerkannt" (vgl. Lk 4,24).

Mit wem haben Sie Ihre Predigtentwürfe einmal durchgesprochen?
Wen könnten Sie sich als Hörer vorstellen?
Haben Sie Erfahrungen mit Bibelkreisen oder mit Predigtvorbereitungsgesprächen? Haben sie Ihnen geholfen? In welcher Weise?
Was hindert Sie daran, Predigtvorgespräche zu führen?
Welche Gruppe in Ihrer Gemeinde käme als Vorbereitungskreis in Frage? Warum?

Aus den Weltkirchen: „BIBEL TEILEN – GLAUBEN TEILEN"

1. Wir laden den Herrn ein. Wir öffnen uns für seine Gegenwart. Einer spricht dies aus.
2. Wir lesen den Text. Wenn alle die Schriftstelle aufgeschlagen haben, liest einer den Text vor.
3. Wir verweilen beim Text. Welches Wort ist für mich wichtig? Die Teilnehmer lesen dieses Wort (oder einen Satz) vor – vielleicht mehrmals – mit Pausen, damit das Wort „einsickern" kann.
4. Wir schweigen. Nachdem der Text noch einmal im Zusammenhang gelesen wurde, bleibt man eine festgesetzte Zeit (z.B. 5 Minuten) in der Stille, damit Gott zu uns sprechen kann.
5. Wir teilen (mit), was uns berührt. Keine „Predigt", keine Diskussion: Ich sage den anderen, was ich empfinde.
6. Wir besprechen, was der Herr von uns will. Wir wollen unser Leben und unsere Arbeit im Licht des Wortes Gottes sehen.
7. Wir beten. Jeder kann frei beten, was ihn freut oder ihm auf dem Herzen liegt. Zum Abschluß betet man gemeinsam das „Vater unser".

Methode des Bibelgesprächs in missionarischen Kirchen.

4. Der Zielsatz ist kein Thema

Jede Predigt braucht eine genaue Zielorientierung. Wenn die Predigt frei gesprochen werden soll, ist das Predigtziel, das die Fülle des Stoffs und der Beziehungsmöglichkeiten ein- und abgrenzt, absolut notwendig. Die Absicht und der Inhalt der Predigt drücken sich in einem Zielsatz aus, der die Predigt überschreibt, ohne ein Thema zu sein. Der Zielsatz wird am Ende der Stoffsammlung formuliert. Er hilft den Predigerinnen und Predigern, die Übersicht zu bewahren, nicht abzuschweifen und den „roten Faden" duchzuhalten.

Der Kliemsche Weg der Predigtvorbereitung beginnt mit der Zielsatzformulierung, die eine längere Phase von Stoffsammlung und Ideenfindung beendet. „Gehen wir davon aus, daß die Schritte der

Assoziation, der Bisoziation und der Konfrontation zwischen Schrifttext und Gegenwartssituation eine Menge Einfälle erbracht haben, so steht jetzt die Aufgabe an, aus dieser Stoffülle auszuwählen und eine geordnete gedankliche Schrittfolge zu enwickeln. Diese Schrittfolge muß auf ein Ziel zuführen" (*R. Zerfaß,* 86). Der Zielsatz, auch Zwecksatz genannt, hat sich als wichtige Methode der Predigtvorbereitung in der Homiletik durchgesetzt, so daß wir über seinen Sinn oder Unsinn nicht mehr zu diskutieren brauchen. In den meisten Predigtzeitschriften finden sich inzwischen Zielsätze vor jedem Predigtvorschlag. Früher war es unüblich, ein Predigtziel auszuarbeiten. Homiletisch zählte nur das Thema, das ein Kanzelredner behandeln wollte. Bourdaloue, der französische Meister des 19. Jahrhunderts, predigte z. B. zur markinischen Brotvermehrungsgeschichte (Mk 6,31–44) über die christliche Mäßigkeit. Dieses Thema steht bis heute über seinem Predigttext. Was er bei seinen Hörerinnen und Hörern erreichen wollte, führte er dagegen nicht aus. Zu dem genannten Evangelium fällt mir noch eine Menge anderer Themen ein, über die Pater Bourdaloue hätte predigen können: Gerechte Verteilung der Nahrungsmittel, Hunger in der Welt, Eucharistie, Brotpreise, der Auftrag der Jünger usw. Jede Perikope bietet eine bunte Palette von Predigtthemen, die gleichberechtigt sind. Daß ein Predigtthema aber anders funktioniert als ein Predigtziel, hat die Homiletik lange Zeit nicht beachtet. Ein Thema bearbeitet einen Gegenstand aus Theologie, Religion oder Exegese, indem es viele Aspekte aufgreift und von verschiedenen Seiten beleuchtet. Die Ausführlichkeit und die Gründlichkeit, mit denen der Stoff dargeboten wird, sind Kennzeichen der thematischen Arbeit. Viele Homilien erwecken den Eindruck einer Themenabhandlung. Sie sind eine Schatztruhe voll von interessanten Einfällen und Argumenten. Dennoch wirkt eine solche Fülle auf die Hörerinnen und Hörer nicht einladend, erst recht nicht überzeugend, weil sie sich von dem Hin und Her, dem Auf und Ab der Gedanken erschlagen fühlen. Es scheint so, als ob alles auf dem Predigtstuhl angesprochen und nichts zu Ende gedacht würde. Die Zeit reicht auf der Kanzel selten aus, um ein Thema sorgfältig zu behandeln. Zehn Minuten Predigt sind zu wenig, wenn sich die Predigerinnen und Prediger Themen aussuchen, die Theologieprofessoren ihren Promovenden anbieten. Als Bourdaloue über die christliche Mäßigkeit predigte, konnte er sie als Tugend herausstellen, sie vom Fasten der österlichen Bußzeit abgrenzen und vor den Heuchlern warnen. Jedes Predigtthema ist in sich mehrdeutig und sogar für gegensätzliche Lösungen offen. Das bedeutet eine Gefahr, die der frei sprechende Prediger fürchtet und gegen die ihn die Homiletik wappnen muß. Weil ein Predigtthema so breit ist, verführt es ihn dazu, vor allen Dingen beim freien Sprechen abzuschweifen. Durch den Kontakt mit den Hörerinnen und Hörern beflügelt, fällt dem Prediger das und jenes ein, was zwar zum Thema paßt, aber den „roten Faden“ zerreißt. Das verstehende Zuhören hängt dagegen vom „roten Faden“ ab, und die Hörerschaft verfolgt ihn, um mitzukommen. Ein Thema verdaut inhaltlich mehr, als die Zuhörerinnen und Zuhörer geistig verkraften können. Das stört wiederum die Beziehung, die der Prediger zu seiner Gemeinde am Anfang aufbaute und die ihn stimuliert hat. Deshalb fixieren viele Prediger aus Angst vor einer weitschweifigen Rede ihre Predigt schriftlich. Das Schreiben soll den ziellosen Spaziergang der Gedanken verhindern. Schließlich zwingt das Manuskript auf einen vorher festgelegten Weg, von dem der Verkünder nicht mehr abweichen kann. Diese Methode (?) führt aber auch zu all den Nachteilen, die das Ablesen eines Textes mit sich bringt. Die Homiletik, die die frei gesprochene Predigt verlangt, läßt Predigtthemen methodisch nicht mehr zu. Ein und dasselbe Thema kann zu ganz verschiedenen Predigtzwecken behandelt werden, und es genügt bei weitem nicht, „ein Thema zu bestimmen, um zielsicher zu predigen; das Thema hat für uns also zunächst eine untergeordnete Bedeutung“ (*F. Schweinsberg,* 481).

Statt auf ein Thema pocht die Homiletik auf ein eng umgrenztes Predigtziel, das in einem Ziel- oder Zwecksatz genau ausformuliert wird. „Den inneren Nerv der Überzeugungsrede nennen wir Zwecksatz. Er ist die in Worte geformte Tat oder tatbereite Gesinnung, die dem Redner als Endziel vorschwebt, also das, worauf es ihm ankommt... Im Zwecksatz ist des Redners ganzer Wille verdichtet, alles in der Rede ist von ihm beherrscht, auf ihn ausgerichtet in der Anlage und in der Anführung der Beweggründe“ (*F. Schweinsberg,* 341 f). Auf das Ziel bzw. den Zweck läuft die ganze Predigt zu. Der Zielsatz ist die Kontrolle, ob die Predigerin oder der Prediger abirren. Wenn sie frei predigen, hilft das präzise formulierte Predigtziel, alles wegzulassen, was dieses Ziel nicht ansteuert. „Die Festlegung des Zieles strukturiert das gesammelte Material. Mit Hilfe des Zieles läßt sich Wichtiges von Nebensächlichem, Interessantes von Uninteressantem, Notwendiges von Überflüssigem scheiden. Außerdem gibt die Festlegung auf ein Ziel der Predigt eine Linie und eine Ziel-strebigkeit, die ihr und damit dem

Hörer guttut" (*H. Arens,* 41). Der Zielsatz klärt die Predigtvorbereitung ab und macht die Predigt selbst übersichtlich. Übersichtlichkeit motiviert zum Zuhören, Unübersichtlichkeit schafft Verdruß. „Niemand kann lange in einer unübersichtlichen Situation aushalten; das gilt für das Wandern (querfeldein geht nur, wer eine gute Karte oder einen guten Überblick hat), für die Existenz eines Wirtschaftsbetriebs (unklares Management führt zum Kollaps!) wie in persönlichen Partnerbeziehungen (hü oder hott!)" (*R. Zerfaß,* 89). Derjenige, der sich vornimmt, frei zu predigen, ist besonders gefordert, die Übersicht zu behalten.

Deshalb muß er so genau wie möglich einen Zielsatz formulieren, weil sonst schon seine Predigtvorbereitung den Grundstein zum Chaos auf der Kanzel legt. Solches Chaos ist dann nicht dem freien Sprechen anzulasten. Folgende Regeln sind zu beachten:

(a) Der Zielsatz ist kein Thema. Die „Zielsätze" einiger Predigthilfen offenbaren bisweilen die Unkenntnis der homiletischen Methoden. Die Formulierung verrät ein Thema und kein Ziel. „Gottes Heil ist grenzenlos." Was will ich als Prediger mit diesem „Zielsatz" erreichen? Will ich mit ihm meine Zuhörer ermutigen, sie stärken oder zum Glauben führen? Oder möchte ich diese These nur erklären? Wenn ich das beabsichtige, gerät meine Predigt schnell aus den Fugen, weil der „Zielsatz" ein getarntes Thema ist. „Gottes Heil ist grenzenlos", unter diesem Titel ist es, meiner Meinung nach, leichter, eine fünfbändige Dogmatik zu schreiben, als eine zehnminütige Predigt zu konzipieren. Der falsche Zielsatz erschwert die frei gesprochene Predigt und stiftet viel Verwirrung. Wer auf Kanzel oder Ambo frei sprechen will, muß die Differenz zwischen Thema und Zielsatz berücksichtigen.

(b) Der Zielsatz wird möglichst knapp und eindeutig formuliert. Er sollte nur einen Satz umfassen, weil sich hinter mehreren Sätzen mehrere Themen verstecken können. Der Prediger gehe vorsichtig mit Nebensätzen und Einschüben im Zielsatz um. Das Beispiel, das die Homiletische Arbeitsgruppe anbietet, ist viel zu lang und komplex, so daß es wie von selbst zu einer Predigt mit mehreren Themen führt. Es fördert die Gefahr, beim freien Predigen auf andere Themen einzugehen, die schon bei der Vorbereitung nicht konsequent ausgegrenzt werden. „Ich möchte der Gemeinde, die sich der Liebe verpflichtet weiß, sich bei der Verwirklichung aber schwertut, sagen, daß Liebe ihre konkreten Spielregeln hat, von denen eine heißt: Überlegen, was der andere braucht" (*H. Arens,* 37). Ich versuche, den Mammutzielsatz predigtgerecht aufzulösen.

- Ich möchte die Gemeinde in ihrem Wissen bestätigen: Ihr fühlt Euch zurecht der Liebe verpflichtet.
- Ich möchte die Gemeinde ermutigen, weil sie sich bei der Verwirklichung der Liebe noch schwertut.
- Ich möchte der Gemeinde erklären, daß die Liebe konkrete Spielregeln hat.
- Ich möchte die Gemeinde auffordern, die Spielregel der Liebe, zu überlegen, was der andere braucht, konkret zu beherzigen.

(c) Der Zielsatz sollte nicht nur kurz, sondern auch konkret sein. Neben der Kürze pflegt eine konkrete Ausdrucksweise des Zielsatzes das freie Sprechen. Sie wehrt sich schon bei der Predigtvorbereitung gegen die vielen abstrakten Begriffe der Theologie. Ein konkreter Zielsatz kommt dem alltäglichen Sprechen entgegen, das sich konkret und plastisch ausdrückt. Eine Predigt mit dem Zielsatz: Ich bitte die Gemeinde, beten Sie wieder einmal am Mittagstisch – ist einfacher, frei zu sprechen, als eine Predigt mit dem Zielsatz: Ich erkläre der Gemeinde, daß das Tischgebet ein Dank des Menschen für Gottes gute Schöpfung ist.

(d) Damit der Prediger mit dem Zielsatz arbeiten kann, sollte er ihn schriftlich fixieren. Er braucht nicht wörtlich in der Predigt vorzukommen. Der Zielsatz gehört ausformuliert auf den Stichwortzettel, damit die Predigerinnen und Prediger ihn während der Predigt sichtbar vor Augen haben. Er bewahrt sie davor, frei sprechend den Faden zu verlieren, weil er ihnen als Maßstab des Predigtaufbaus präsent bleibt.

(e) Nur mit Hilfe des Zielsatzes läßt sich die Predigt zielorientiert aufbauen und gliedern. Der Zielsatz bestimmt, was wichtig und unwichtig ist. Er gibt an, welche Ideen unbedingt verarbeitet werden sollen und welche unter den Tisch fallen können. Auf diese Weise erhält die Predigt den berühmten „roten Faden" und eine konsequente Zielstrebigkeit. „Erst durch die klare Zielsetzung wird die Predigt spitz wie ein Pfeil" (*R. Zerfaß,* 91). Wenn der Aufbau der Predigt durchgeplant ist, kann der Prediger endgültig mit Hilfe des Zielsatzes den Stichwortzettel kontrollieren. Vielleicht muß das eine oder andere Argument doch noch wegfallen, worunter das freie Sprechen nicht leidet.

(f) Formal gliedert sich der Zielsatz in zwei Teile, die für das Sprechen unterschiedliche Funktionen ausüben. Im ersten Teil drückt sich die Predigt-absicht aus. Sie beinhaltet das, was der Prediger erreichen und welche Beziehung er zu den Hörerinnen und Hörern anknüpfen will. „Wenn der Prediger sein Predigtziel im

Blick auf seine Hörer bedenkt, muß er sich entscheiden, warum er mit seinen Hörern in Beziehung treten will: um sie aufzufordern, um ihnen Freude zu machen, um sie zu trösten, um sie zu ermahnen. Das Verhältnis des Predigers zu seinen Hörern wird deutlich" (*A. Schwarz,* 66). Wenn die Beziehung klar ist, läßt sich einfacher miteinander reden, aktuell oder virtuell. Der zweite Teil des Zielsatzes formuliert den Predigt-inhalt, der sich aus der Stoffsammlung ergeben hat. Seine Aussage bezieht sich bei einer biblischen Predigt auf die Perikope, und sie wird vom Prediger theologisch verantwortet. Wenn beide Teile miteinander verbunden werden, ergibt sich als Zielsatz ein Haupt- und ein Nebensatz. Was die rhetorische Tradition zu einem Zielsatz zusammenzieht, entfaltet *Rolf Zerfaß* in vier verschiedenen Aussagen zum Ziel, zu den Widerständen, zur Botschaft und zur Mahnung der Predigt (vgl. 88f). Wenn ich beide Methoden miteinander vergleiche, entdecke ich schnell eine Ähnlichkeit. Dem Ziel entspricht die Predigtabsicht, der Botschaft der Predigtinhalt. Im Sinn meines Plädoyers für die frei gesprochene Predigt ist eine Konzentration auf den Zielsatz sinnvoller und hilfreicher. Eine durch das freie Sprechen befürchtete Verwirrung, die zur Verirrung der Predigt führt, wird von Anfang an vermieden. Was Zerfaß über die Predigt schreibt, gilt bereits für den Zielsatz: „An einem soliden Nagel läßt sich mehr aufhängen als an 15 Reißbrettstiften" (*R. Zerfaß,* 91). Alle Kolleginnen und Kollegen, die frei predigen (wollen), brauchen den sorgfältig erarbeiteten Zielsatz, so wie der Wanderer ein Ziel braucht, bevor er in der Frühe aufbricht.

Sie haben diesen Abschnitt gelesen. Formulieren Sie für ihn einen Zielsatz! Welche Absicht steckt dahinter, welchen Inhalt haben Sie herausgelesen?
Manche neutestamentliche Perikope ist nach formgeschichtlicher Erkenntnis Verkündigung, d.h. der biblische Autor verfolgte ein Ziel. Lesen Sie das Gleichnis von den anvertrauten Geldern in der matthäischen (Mt 25,14–30) und in der lukanischen (Lk 19,11–27) Fassung. Formulieren Sie für beide Fassungen einen Zielsatz.
Haben Sie schon einmal mit einem Zielsatz gearbeitet? Hat er Ihnen bei der Predigt geholfen?

Aus der Predigtgeschichte: „Und zwar wird der Zuhörer ergötzt, wenn du mit Anmut sprichst, und er wird gerührt, wenn er liebt, was du versprichst, fürchtet, was du androhst, haßt, was du anklagst; wenn er gerne tut, was du empfiehlst, wenn er das bedauert, was du bedauernswert nennst, wenn er sich darüber freut, was du freudig anpreisest, wenn er sich derer erbarmt, die du ihm durch deine Rede als erbarmungswürdig darstellst, und wenn er vor jenen flieht, vor denen du ihn durch Schreckensworte warnst. Dies und noch manches andere kann durch eine bedeutsame Beredsamkeit zur seelischen Ergreifung der Zuhörer geschehen." Augustinus († 430)

---

5. Der Stichwortzettel als Predigthelfer

Frei predigen heißt nicht, ohne jede Unterlage predigen. Der Stichwortzettel ist ein unentbehrliches Hilfsmittel bei der frei gesprochenen Predigt. Auf den Stichwortzettel gehören nur Worte, Wortblöcke und Satzteile, die keinen grammatisch vollständigen Satz ergeben. Am meisten helfen Verben, das Sprechen auf der Kanzel oder auf dem Ambo anzuregen. Hilfreich ist auch eine graphische Anlage des Stichwortzettels, weil sie den Weg der Predigt zum Ziel bildlich darstellt. Jeder Prediger erarbeitet sich einen Stichwortzettel, der ihm in der Predigtsituation am besten gerecht wird.

Keine Meisterin und kein Meister fallen vom Himmel. Jede Kunst verlangt ihre Übung, ohne die nichts gekonnt und gemeistert wird. Freies Predigen ist eine Kunst, die ohne Zweifel Könnerschaft verlangt. Die Könnerinnen und Könner kennen die notwendigen Hilfsmittel, um diese Kunst zu beherrschen. Zu ihnen zählt der Stichwortzettel, der auch Stichwortunterlage oder Stichwortkonzept genannt wird, und die PredigerInnen, die auf Kanzel und Ambo frei sprechen wollen, wissen ihn zu schätzen. „Stichwortkonzept und freie Rede bedingen sich gegenseitig. Ein Stichwortkonzept existiert nur im Zusammenhang mit der freien Rede" (*W. Keuck*, 139). Wie der Zielsatz gliedern hilft, so hilft der Stichwortzettel zu sprechen. Da wir als Prediger sprechen müssen und das Sprechen üben, bleibt uns keine andere Wahl. Das „Handbuch zur Predigt" suggeriert eine falsche Alternative, die – wie gewohnt – die schriftlich fixierte Predigt bevorzugt. „Hat der Prediger für einen bestimmten Redeanlaß... Ziele und Redeplan festgelegt, dann hängt es ganz von seiner Übung und Erfahrung ab, ob er sich für den Vollzug auf stichpunkthafte Planskizzen beschränkt oder ob er die Rede sprachlich detailliert und vollständig ausführt" (*G. Schuepp*, 466). Der Vorbereitungsweg zu einer frei gesprochenen Predigt läßt die Möglichkeit, eine Rede „detailliert und vollständig“ auszuführen, nicht mehr zu. Bis zur Erarbeitung des Stichwortzettels hat der Prediger hauptsächlich gesprochen und so wenig wie möglich geschrieben. Der Verkünder ist in der Vorbereitung zum Sprechen verpflichtet, damit er von seinem Schreibstil loskommt. Deshalb wäre es unsinnig, in ihrer letzten Phase minuziös einen Predigtaufsatz zu schreiben und das einmal Gesprochene schreibend zu verdrängen. Der Stichwortzettel geht dagegen den eingeschlagenen Weg konsequent weiter. Die ersten und die letzten Gedankenzettel enthalten keine lang formulierten Sätze, sondern Stichworte, die eine ausgesprochene Idee für die Predigt festhalten. Nach mehreren Sprechdenkversuchen steht die Regel an, einen ausführlichen Stichwortzettel anzulegen. Er ist „knapper als ein Manuskript, denn er hält anstelle der ausgeschriebenen Sätze jeweils nur das sinntragende Wort eines Satzes (die ‚dominierende Vorstellung‘) fest. Alles dagegen, was sich (aufgrund unseres jahrelangen Sprachtrainings) in der Sprechplanung von selber einstellt, wird nicht notiert. So gleitet der Sprechende über die Stichworte hinweg wie ein Hürdenläufer über die Hürden: Der einzelne Gedankenschritt ergibt sich von selbst, die Notierung der ‚dominierenden Vorstellungen‘ ist Anreiz genug“ (*R. Zerfaß,* 123). Während der Sprechdenkversuche hat der Übende gemerkt, ob seine Stichworte in einem geplanten Satz dominieren und ihn zum Sprechen anregen. Unter Umständen muß er Stichworte austauschen oder ändern, weil sie eher sein Sprechen hindern als fördern. Dabei besitzt der Prediger die Freiheit, mit den Worten auf seinem Konzept zu jonglieren. Das Stichwort ist meistens mehr als ein Wort, aber immer weniger als ein Satz. *Zerfaß* spricht dagegen nur von einem sinntragenden Wort (s. o.), obwohl sein exemplarischer Stichwortzettel (125) das Gegenteil beweist. „Im Stichwortkonzept stehen eher Bruchstücke eines Satzes. Dabei ist das Verbum am wichtigsten. Das Satzbruchstück sollte somit verbal bestimmt sein. Schon beim Training des Sprechdenkens ist hierauf Wert zu legen“ (*W. Keuck,* 140). An folgendem Satz ist diese Behauptung leicht zu überprüfen. „Der Dieb schlich gegen Mitternacht um das Haus herum.“ Die Stichworte „Dieb“ oder „Haus“ helfen mir nicht weiter. Sie provozieren kaum weitere Fragen, über die ich nach-denke. Schreibe ich mir dagegen das Stichwort „herumschleichen“ auf mein Konzept, frage und denke ich sofort weiter. Wer schleicht herum? Wo schleicht er herum? Wann schleicht er herum? Die Antwort auf diese Fragen ist das, was ich sagen will. Das Tätigkeitswort „herumschleichen“ erweist sich als dominierende Vorstellung (vgl. *F. Schweinsberg,* 474). Die Verben, die die wichtige Funktion des Prädikates in einem Satz übernahmen, führen wie von selbst zum Subjekt und zum Objekt. Sie „haben vor den Substantiven den Vorrang, weil sie im Sprechen wie im Denken (Sprech-denken) weiterführen. Unsere Verbalarmut, die einem Übergewicht des Substantivs – ‚Substantivitis'! – gegenübersteht, bereitet uns hier einige Mühe. Der Vorrat an Verben kann indes kaum groß genug sein für den Sprecher, für sein Sprechdenken und damit für sein Freisprechen in der Überzeugungsrede der Predigt" (*W. Keuck,* 140). An den Substantiven wird man nicht vorbeikommen. Auf jeden Fall sollte der Prediger möglichst konkrete Substantive, die nicht auf -ung, -heit und -keit enden, benutzen. Die substantivierten Abstrakta erzeugen wenig Vorstellungen und können deshalb nicht dominieren. Das Wort „Sessel" produziert in mir konkretere Bilder als das Wort „Sitzgelegenheit", das als Stichwort schlecht ausgesucht wäre. Die sinntragenden Stichworte müssen in der Predigt nach Gesetzen der Logik miteinander verknüpft werden. Eine logische Verbindung erleichtert das Verständnis einer Predigt. Der Prediger entlastet sich, wenn er auf dem Stichwortzettel genau angibt, wie die Predigt logisch verknüpft ist. Besonders an wichtigen Schaltstellen gehören die Verbindungsworte (z.B. wenn... dann, nicht... sondern; folglich... usw.) unbedingt auf den Stichwortzettel. Es sei daran erinnert, daß auch der Zielsatz, die Zitate und die treffenden Formulierungen einen Platz auf dem Stichwortzettel finden müssen.

Ansonsten gibt es keine Vorschriften, was an Stichworten aufgeschrieben wird. „Jedenfalls sollen Stichworte (Reizworte)... den ‚Anreiz' zum Formulieren des Gedankens geben" (*I. Schweinsberg-Reichart,* 101). Dem visuellen Predigertyp hilft eine graphisch übersichtliche Anlage des Sichwortzettels (vgl. Abb. 9). Auf solche Weise bietet er „eine Art ‚Topographie' der Rede, d.h. er macht optisch die wichtigsten Gedankenzüge in ihrem inneren Zusammenhang und in ihrer Abgrenzung gegeneinander sichtbar. So kann man gedankliche Gegensätze auch graphisch einander gegenüberstellen, Folgegedanken einem Hauptstichwort zuordnen, Nebengedanken einrücken und besonders (maximal 5) Hauptabschnitte, aus denen sich die Predigt aufbaut, dadurch markieren, daß man Stichworte immer wieder treppenförmig von links außen nach rechts unten anordnet" (*R. Zerfaß,* 123). Das Bild, das ein Prediger auf seinen Stichwortzettel gezeichnet hat und das vor ihm auf dem Ambo liegt, hilft ihm auf die Sprünge, sobald er sprechen muß. „Auf best-

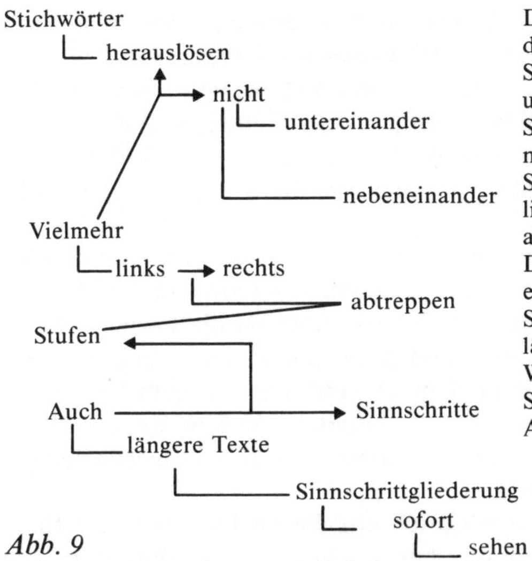

Abb. 9

Die Stichwörter werden aus dem Text herausgelöst. Sie werden nicht im Block untereinander geschrieben. Sie werden auch nicht nebeneinander geschrieben. Sie werden vielmehr von links nach rechts abgetreppt aufgetragen. Die Gliederung in Stufen entspricht der Gliederung der Sinnschritte. Auch bei längeren Texten ist auf diese Weise die Gliederung der Sinnschritte sofort mit dem Auge wahrzunehmen.

mögliche Übersicht... kommt es an. Ein Stichwortblatt muß ‚mit einem Blick' überschaubar sein" (*I. Schweinsberg-Reichart,* 98). Ein Stichwortzettel gewinnt nach meiner Erfahrung Übersichtlichkeit, wenn man folgende Kleinigkeiten beachtet:

Das günstigste Format ist DIN A 5 (oder Ringbuchblätter in entsprechender Größe), weil es nicht zu klein und dennoch handlich ist. Im Verhältnis zur Größe unserer Lektionare lassen sich Blätter dieses Formats bequem auf den Ambonen und Kanzeln ablegen, ohne sich sofort selbständig zu machen. DIN A 4 Blätter passen nicht mehr neben das Lektionar, das dann, wie schon erzählt, während der Predigt unter der Ablage verschwinden muß. Die Papiere krümmen sich und rollen sich schnell zusammen, wenn sie nicht sofort zu Boden fallen. Der Prediger bemüht sich krampfhaft, den zu großen Stichwortzettel festzuhalten. Wer keine Ablage während der Predigt benutzen will, weil er sich frei im Kirchenraum hinstellt, kann auf Karteikarten (DIN A 6) zurückgreifen, die sich immer mehr bewährt haben. Fernsehsprecherinnen und Fernsehsprecher haben solche Art des Stichwortzettels übernommen und zeigen uns, wie frei mit diesem System zu sprechen ist.

Die Predigerinnen und Prediger müssen und dürfen nicht an Papier sparen. Ein Stichwortzettel besteht in den meisten Fällen aus mehreren Blättern (bzw. Karten), die nur einseitig beschrieben werden. Während der Predigt werden die „erledigten“ Seiten je nach Platz umgeschlagen, auf die Seite gelegt oder unter den Stoß der noch nicht gesprochenen Stichworte geschoben, was besonders bei Karten unauffällig geschehen kann. Es ist wichtig, daß die einzelnen Seiten durchnumeriert sind. Zu ihrer Übersichtlichkeit trägt auch eine großzügige Platzaufteilung bei, die ein allzu enges Vollschreiben vermeidet.

Die Schreibmaschine hat eine zu kleine Schrift, um sie mühelos auf einem Ambo zu lesen. Die Handschrift gehört zur Persönlichkeit des Predigers, und sie ist ihm vertrauter als die unpersönliche Maschinenschrift. „Mit der Hand kann ich kleinere und größere Buchstaben – nicht zuletzt zur Unterscheidung bzw. zum Herausheben – schreiben. Ferner ist es leichter, locker anzuordnen“ (*W. Keuck,* 141). Aus diesen Gründen ist der handgeschriebene Stichwortzettel vorzuziehen.

Bin ich ein Pedant, weil ich mich mit diesen Details so ausführlich beschäftige? Die Homiletiker schweigen vornehm über die Technik des Stichwortzettels, weil sie vielleicht für sie zu vordergründig ist. Ich begegne dem Verdacht der Pedanterie, indem ich an die Angst vor der frei gesprochenen Predigt erinnere. „Wie mancher hat leidvolle Erfahrungen gesammelt, wenn er seine Blätter hat vom Boden aufklauben müssen (nicht alle Pulte sind zweckmäßig gebaut, viele sind zu steil, und manche haben keine Abschlußleiste), wenn er bei aufgeregtem Hin- und Herschieben und – wenden nicht mehr wußte, was Vorder- und Rückseite war und dergleichen mehr“ (*I. Schweinsberg-Reichart,* 97).

Mit den vielen Blättern seines Stichwortzettels in der Hand steigt der Pfarrer auf die Kanzel. Stört der Stoß Papier nicht seine Gemeinde, die eine freie Predigt erwartet? Nein, denn die Gemeinde hat schnell gelernt, daß die Stichwortunterlage ihres Pfarrers gerade der frei gesprochenen Predigt dient. Weil sie mit dem Blick und den Gesten ihres Pfarrers angesprochen wird, merkt sie, wie die Blätter auf der Kanzel funktionieren. Außerdem beweisen sie, daß der Pfarrer seine Hörerinnen und Hörer ernst nimmt, indem er sich auf sie vorbereitet hat. Die völlig freie Predigt bzw. Rede, d. h. die Rede ohne Stichwortzettel, „ist nur in Ausnahmefällen angebracht. Selbst exzellente Redner, die jederzeit ohne Stichwortzettel reden können, benutzen ihn. Mehrere Gründe sind dafür ausschlaggebend: ... Sie deuten damit an, daß sie sich speziell auf diese Rede vorbereitet haben. – Sie strahlen keine Perfektion aus“ (*R. H. Ruhleder,* 51).

Versuchen Sie von diesem Abschnitt einen sprechgünstigen Stichwortzettel anzulegen!
Sprechen Sie einmal nach diesem Stichwortzettel!
Die Aufgabe, aus einem geschriebenen Text Stichworte herauszulösen und danach einen Stichwortzettel anzufertigen, wird in den rhetorischen Lehrbüchern häufig gestellt. Dennoch ist diese Übung inkonsequent für die, die frei reden bzw. predigen wollen. Warum?

Aus der Rhetorik: „Alle Fehler verzeihe ich gern, nur nicht Fehler in der Disposition." J. G. Herder († 1803)

V. Üben, Üben…

Vielfach sieht es für Außenstehende so aus, als ob der Prediger geboren würde. Man ist ein geborener Prediger, oder man ist es nicht. Die Kunst der frei gesprochenen Predigt wird als besondere Begabung eingeschätzt, die man hat oder nicht hat. Wer sie nicht hat, ist von der Natur benachteiligt. Nach Volkes Meinung gibt es für ihn keine Möglichkeit, seine fehlende Begabung durch fleißiges Lernen auszugleichen. „Das freie Predigen ist nicht jedem gegeben", heißt es selbst bei Kolleginnen und Kollegen, die mit diesem Argument ihre schriftliche Predigtvorbereitung legitimieren. Da die Schwestern und Brüder im Predigtdienst zu bescheiden sind und ihr „Licht unter den Scheffel" stellen, erleben die Gemeinden so selten eine frei gesprochene Predigt. Die Pfarrerinnen und Pfarrer überlegen nicht, was das Besondere an dieser Begabung ist und wie man zum freien Sprechen auf der Kanzel begabt sein muß. Welche Redetalente müssen den PredigerInnen in die Wiege gelegt werden? Die Antwort ist einfach, weil sie sich aus einer Voraussetzung der Predigt ergibt. Die Predigt als virtueller Dialog erwächst aus dem aktuellen Dialog der Menschen. Das Gespräch erfordert nur diese Begabung: Die Gesprächsteilnehmerinnen und -teilnehmer müssen aufeinander hören und miteinander sprechen können. Deshalb verlangt die frei gesprochene Predigt nichts anderes als einen Prediger, der hören und sprechen kann. Das ist das Talent, das jedem Prediger normalerweise mitgegeben ist und das er im Sinn des Evangeliums (vgl. Mt 25,14ff) verdoppeln und verdreifachen kann. Eine außergewöhnliche Redebegabung, falls es sie geben sollte, nützt auf der Kanzel oder auf dem Ambo, aber sie ist nicht erforderlich. Was einer im Gespräch kann, gelingt ihm auch in der Predigt. Wer aus diesem Grund das Predigen trainieren will, muß das Sprechen üben.

Wenn Sie sich ein Trainingsprogramm zusammenstellen wollen, müssen Sie zuerst Ihre Chancen und dann Ihre Schwierigkeiten und Hindernisse im alltäglichen Gespräch entdecken. Überprüfen Sie einmal, ob Sie z.B. in der Unterhaltung mit der Nachbarin

„schwafeln“, ob Sie mühsam nach Worten suchen oder ob Sie kein Ende kennen. Die Dialoge am Gartenzaun verraten die Stärken und Schwächen Ihres Sprechens, die für die Predigt verbessert werden müssen. Sobald die alltägliche Kommunikation reibungslos funktioniert, gelingt auch die Predigt. Deshalb sind Predigtübungen immer Sprechübungen, die das gesamte Sprechverhalten des Verkündigers optimieren. Es geht nicht um spezielle Techniken, die nur der Predigt nutzen. Sie gibt es, meiner Meinung nach, nicht. Wie der Zehnkämpfer viele Muskeln seines Körpers stählen muß, so muß der Prediger die Kommunikationsfähigkeit insgesamt beobachten und trainieren.

1. Wort-Schatz

Wer spricht, benutzt Worte. „Wer hofft nicht, die richtigen Worte zur richtigen Zeit am richtigen Ort zu haben? Aber umgekehrt: Wen hat noch nicht die heiße Welle der Angst durchdrungen, wenn ihm plötzlich während einer Rede die Worte fehlten. Zu allem kommt noch der hochrote Kopf“ (*R. H. Ruhleder,* 137). Sowohl im Gespräch als auch in der Predigt müssen uns die Worte, mit denen wir einen Sachverhalt ausdrücken wollen, ein- bzw. zufallen. Sie alle kennen das: Sie wollen etwas sagen, doch das richtige Wort fällt Ihnen nicht ein. Es liegt Ihnen auf der Zunge, aber Sie bekommen es nicht über die Lippen. Das Wort nimmt nicht die letzte Hürde, damit Sie mit Ihrer Partnerin oder Ihrem Partner sprechen können. „Die Luft steht schon an den Stimmbändern bereit, jedoch die Aussage fehlt noch oder ist noch nicht entsprechend gedanklich ausformuliert. Dies führt bei uns zu dem Urlaut ‚äh‘, der bei vielen ungeübten Rednern allzu häufig auftaucht“ (*R. H. Ruhleder,* 137).

Jeder Mensch, der beruflich mit anderen sprechen muß, braucht einen Vorrat an Worten, aus dem er schöpfen kann. Reaktionsschnell und treffsicher muß er das Wort finden, das seinem Gedanken ent-spricht. Auf diese Weise beherrscht er das Sprech-Denken, das prinzipiell nicht alles Gedachte sofort in Worte umsetzen kann. „Berücksichtigen wir doch, daß wir nur 25 Prozent... von dem sagen können, was wir denken! Sollten wir dieses Viertel nicht entsprechend formulieren können?“ (*R. H. Ruhleder,* 137). Wer über viele Worte verfügt und sie einsetzen kann, ist reich, weil er einen Schatz besitzt, seinen Wort-Schatz. In jeder Sprechsituation, nicht nur zur Predigt, benötigen wir einen ausreichenden Wortschatz, der uns bei der Formulierung der Gedanken nicht im Stich läßt. Deshalb ist die erste und beste Übung, um noch gekonnter und gezielter zu sprechen, eine Anreicherung des persönlichen Wortschatzes. Je größer Ihr aktiver Wortschatz ist, desto leichter und besser können Sie sich ausdrücken. Leider stellen die SprecherzieherInnen immer wieder fest, „daß gerade bei gebildeten Menschen oft ein Mißverhältnis besteht zwischen den Wortmassen, die sie an sich wohl kennen... und deren sie sich auch schreibend gern bedienen, und den verhältnismäßig wenigen Worten, die sie sprechend verwenden" (*F. Schweinsberg,* 474). Man muß also den Wortschatz eines Menschen unterteilen in die Menge der Worte, die seinem Gedächtnis präsent ist, und in den Wortbestand, den er spricht. Der erste Wortvorrat heißt passiver, der zweite aktiver Wortschatz. Beide unterscheiden sich durch die Zahl der verfügbaren Worte. „Der aktive, sprechende Wortschatz ist bei allen Menschen geringer als der passive, stumme. Es gibt eine Fülle von Wörtern, die bei den meisten Menschen gleichsam schlummern; zur genauen Wortwahl gehört aber ein griffbereiter Wortschatz" (*L. Reiners,* 81). Die genauen Zahlen schwanken. „Unser persönlicher passiver Wortschatz – die Wörter, die wir verstehen, aber selbst nicht einsetzen – kann bei entsprechendem Bildungsgrad bis zu 50000 Wörtern betragen. Der praktische aktive Wortschatz besteht aus jenen Wörtern, die wir täglich verwenden und die wir zum Formulieren unserer Gedanken benutzen. Dieser aktive Wortschatz liegt – je nach Bildungsgrad und Übung – zwischen 2000 und 4000 Worten (Shakespeare und Goethe zum Vergleich: ca. 20000 Wörter)" (*R. H. Ruhleder,* 138).

Da ein geringer Wortschatz zu vielen Wiederholungen in der Predigt und zu einem langweiligen, ermüdenden Redestil führt, ergibt sich für jeden Prediger „die dauernde Aufgabe, den Abstand zwischen seinem aktiven und passiven Wortschatz möglichst klein werden zu lassen" (*G. Hinsch,* 162). Ich kenne zwei Übungen, um den passiven Wortschatz zu aktivieren. Sie helfen den Predigerinnen und Predigern, das, was sie hörend verstehen, sprechend auszudrücken. Wenn dieses Training sinnvoll sein soll, muß es lange die wöchentliche Predigtarbeit begleiten, weil ein einmaliger oder kurzfristiger Einsatz ergebnislos bleibt.

(a) Von Goethe wird erzählt, daß auf seinem Schreibpult immer ein Synonymenlexikon lag, damit er mit seiner Hilfe das treffende Wort leichter finden konnte. „‚Synonyme', das sind sinnverwandte

Wörter, Wörter also, die denselben oder einen verwandten Begriff durch verschiedene Bezeichnungen ausdrücken" (*G. Hinsch,* 163). Die Lexika sammeln die verwandten und ähnlichen Begriffe eines Wortes und bieten sie dem Benutzer alphabetisch an. Mir hilft seit Jahren ein Taschenbuch, das über 25000 sinnverwandte Wörter für den alltäglichen Gebrauch enthält. Mit „A. M. Textor, Sag es treffender" läßt sich homiletisch gut arbeiten, weil das Buch praktisch aufgebaut und geordnet ist. Da dieses Kapitel vom „Wort-Schatz" handelt, schlage ich einmal bei Textor unter „Wortschatz" nach. Ich finde folgende Auflistung: „Sprache, 1. Stimme, Laut, Idiom, Zunge, Wort, 2. Wortschatz, Sprachschatz, Vokabular, Sprachebene, Sprachschicht, Stilschicht, Diktion, Art zu formulieren, Rede, Vortrag, Stil, Sprechweise, Redeweise, Ausdrucksweise, Sprechstil, Aussprache, Tonfall, Artikulieren, Betonung, 3. Redegabe, Rednergabe, Sprachgewandtheit, Zungenfertigkeit, Wortgewandtheit, Suada, Wortkunst, Redefluß, Dialektik, Rhetorik, Beredsamkeit, Beredtheit, Eloquenz, Redekunst, 4. Schriftsprache, Hochsprache, Landessprache, Muttersprache, Fremdsprache; Dialekt, Mundart, Platt, Jargon, Slang, Rotwelsch, Gaunersprache, 5. Fachsprache, Nomenklatur, Vokabularium, Fachwortschatz, Terminologie." Die Begriffe ersetzen „Wortschatz" nicht deckungsgleich, aber immerhin beinhalten sie analoge Bedeutungen. Ich mache mir noch die Mühe und schlage unter „Schatz" nach. „Besitz 1. Eigentum, Hab und Gut, Eigengut, Haus und Hof, Anwesen, Landbesitz, Besitztum, Immobilien, Grundbesitz, Habseligkeiten, Sachen, 2. Geld, Mittel, Barschaft, Vermögen, Finanzen, Barvermögen, flüssiges Kapital, Aktiva, Glücksgüter, Kapital, Guthaben, Bankkonto, Kasse, Mammon, Zechinen, Moneten, Bargeld, Banknoten, Scheine, Münzen, Kleingeld, Wertpapiere, Devisen, Effekten, 3. Geldverhältnisse, Vermögenslage, Finanzlage, äußere Umstände, Zahlungsfähigkeit, Bonität, Finanzkraft, Kreditwürdigkeit, Ersparnis, Erspartes, Erübrigtes, Reserven, Rücklagen, Sparpfennig, Notgroschen, Sparstrumpf, 5. Reichtum, Wohlstand, Überfluß, Schätze, Geldsack, 6. Zahlungsmittel, Währung." Ich bin überrascht, welch großes Umfeld in unserer Sprache die Wörter „Wortschatz" und „Schatz" besitzen. Solche Aufzählungen helfen mir, mein aktives Sprachvermögen zu erweitern und die Treffsicherheit meines Ausdrucks zu verschärfen. Das Synonymenlexikon versagt in dem Moment, in dem ich predige. Es gehört nicht auf den Predigtstuhl. Nur während der Predigtvorbereitung hat die Übung mit dem Synonymenlexikon einen Sinn.

Mit seiner Hilfe kann ich systematisch meinen Wortschatz erweitern. Jeden Tag lese ich langsam und laut eine Seite des Synonymenlexikons durch und lerne auf diese Weise die Begriffe und ihre Verwandtschaft kennen. Wie beim Vokabellernen erweitere ich so mit und mit meinen aktiven Wortschatz. Wenn mir ein solcher systematischer Weg nicht zusagt, kann ich von einem gesuchten Wort ausgehen. Während der Sprechdenkversuche merke ich, daß mir ein Begriff sprachliche Schwierigkeiten macht. Bevor ich nun die theologischen Standardwerke wälze, versuche ich, im Textor sein Bedeutungsfeld kennenzulernen. Manchmal führt mich das bereits in der Vorbereitung weiter. Unabhängig davon habe ich meinen Wortschatz aktiviert, so daß dieser Weg jeder weiteren Predigt dient. Er bietet sich vor allen Dingen an, wenn ich meinen Verben-Vorrat erweitern möchte. Da die Verben im Prozeß des Sprechdenkens unersetzbar sind, verlangt die frei gesprochene Predigt hauptsächlich einen Verben-Schatz. Dem frei sprechenden Prediger nutzt es zur Aktivierung seines Wortschatzes mehr, die Synonyme von „schätzen" als von „Schatz" zu suchen und zu lernen. Wer frei predigen will, muß sich einen großen Verbenvorrat anlegen. „Wer keinen griffbereiten Vorrat von Tätigkeitswörtern besitzt, dessen Sprechdenkablauf wird niemals richtig in Schwung kommen" (*F. Schweinsberg,* 474).

(b) Die meisten Predigten im Sonntagsgottesdienst gehen von einer Perikope der Hl. Schrift aus. Die Theologinnen und Theologen haben Exegese studiert, um diese Texte für die Predigt richtig auszulegen. Die exegetische Arbeit, die in der Regel mit der Übersetzung des Urtextes beginnt, verlangt das Suchen nach dem treffenden Wort, das sowohl dem hebräischen oder griechischen Denken als auch dem deutschen Sprachgebrauch entspricht. Der Übersetzer versucht, die damalige und heutige Sprachwelt aufeinander zu beziehen. Neben der inhaltlichen Auseinandersetzung, die sich nach historischen und theologischen Maßstäben richtet, bietet der Vergleich der Übersetzungen eine theologisch orientierte Wortschatzübung. Mt 11,28b z.B. lautet in der Einheitsübersetzung: „Ich werde euch Ruhe verschaffen." Im Urtext steht die futurische Form des Verbes „anapauein", das mehrere Übersetzungsvarianten zuläßt. Das Wörterbuch „Gemoll" nennt als wichtigste Möglichkeiten: „aufhören machen, ausruhen lassen". Der „Preuschen" übersetzt: „lasse ausruhen, erquicke (Geist, Herz)". Der „Rienecker" bringt eine zusätzliche Lesart ins Spiel: „ausruhen machen, Ruhe gewähren". Es ist verständlich, daß solche verschiedenen Nuancen auf die gängigen Übersetzungen zurückwirken. Martin Luther übersetzt: „ich will euch erquicken“. Die „Gute Nachricht“ verkündet dagegen: „Ich will euch die Last abnehmen“. Einen anderen Akzent setzt die „Ökumenische Jugendbibel“: „Ich werde euch innere Ruhe verschaffen.“ Aus dem Rahmen fällt Fridolin Stier: „Ich werde euch aufatmen lassen.“ Unabhängig von der Exegese beweist dieser Durchgang durch Urtext und Übersetzungen, welche Wortvarianten möglich sind. An seinem Ende habe ich ein Wortumfeld und neue Verben kennengelernt, die ich zur Predigt über diesen Text und darüber hinaus gebrauchen kann: „aufhören machen, ausruhen lassen, erquicken, Last abnehmen, (innere) Ruhe verschaffen, aufatmen lassen.“ Deshalb schlagen die Übertragung aus dem Urtext und die Gegenüberstellung der Übersetzungen zwei Fliegen mit einer Klappe: Die PredigerInnen arbeiten exegetisch korrekt, und sie erweitern wie von selbst ihren Wort-Schatz, den sie für die frei gesprochene Predigt brauchen. Auf diese Weise entdekken die Kolleginnen und Kollegen viele neue Worte, und ihrer ‚Entdeckerfreude‘ sind hier wirklich keine Grenzen gesetzt, um nicht im Armenhaus der Sprache zu landen“ (*A. Wallner,* 217).

Wie erweitern Sie Ihren Wort-Schatz? Welche Methode wenden Sie an? Ersetzen Sie das Verb „gehen“ durch mindestens zwanzig andere Verben! Üben Sie auch mit dem Verb „sterben“!
Vergleichen Sie einmal Urtext und Übersetzungen von Mt 11,28a: „Kommt alle zu mir, die ihr euch plagt und schwere Lasten zu tragen habt.“ (Einheitsübersetzung)

Aus der Predigtgeschichte: „man muß die mutter jhm hause, die kinder auff der gassen, den gemeinen man auff den marckt drumb fragen, und den selbigen auff das maul sehen, wie sie reden und darnach dolmetzschen, so verstehen sie es den und merken, das man deutsch mit jn redet.“ Martin Luther († 1546)

---

2. Bilder beschreiben – Bilder besprechen

Unsere Hörerinnen und Hörer verlangen immer wieder von unseren Predigten, daß sie an-schaulich sind. Sie wollen nicht nur hören, sondern auch sehen. Es ist eigenartig, wie die Predigtsprache Bilder malen soll. In einer anschaulichen Predigt werden über den Umweg der Ohren die Augen angesprochen, wie es ein arabisches

Sprichwort fomuliert: „Der Redner läßt die Menschen mit den Ohren sehen." Die Hörerschaft bittet die Prediger um Bilder, die sie hörend schauen kann. Manche „Predigten sind anstrengend, weil sie nur Gedanken anbieten, aber nichts ‚zu sehen geben'. Würden sie dagegen etwas zu sehen geben, würden sie auch zu denken geben" (*R. Zerfaß,* 157). Worin liegt der Zusammenhang von Sehen und Hören begründet? Weshalb wünschen sich unsere Zuhörerinnen und Zuhörer Bilder in der Predigt? Wahrscheinlich spüren sie, daß Sprache und Bilder gleichermaßen ihre Wirklichkeit symbolisieren und daß sie deshalb zusammengehören. Die Sprache, die sie alltäglich sprechen, besteht zu einem großen Teil aus Bildern, so daß sich das An-schauliche in der Sprache selbst findet. Das naturwissenschaftliche Denken der letzten Jahrzehnte hat uns dazu verführt, die Bilder als Anschauungsmaterial abzuwerten. „Wer denken kann, braucht keine Bilder. Kein Wunder, daß wir, je mehr wir uns einer solchen Theologie aussetzen, bei uns selbst eine Art innerer Versteppung beobachten können: Wir verlieren unsere Bilder, trocknen innerlich gewissermaßen aus, weil die Grundwasser nicht mehr steigen. Am Ende ist dann auch das Denken steril, d. h. keimfrei und unfruchtbar" (*R. Zerfaß,* 162). Die Bilder und das Denken hängen zusammen wie die Sprache und das Denken. Dem Sprech-Denken entspricht in gewisser Weise das Bild-Denken, obwohl dieser Begriff so nicht gebräuchlich ist. Wer schaut, denkt, und wer denkt, spricht. Menschen, die nicht sehen können, sind darauf angewiesen, über die anderen Sinne Anschauung zu gewinnen. Inzwischen hat die Tiefenpsychologie bestätigt, was die geschauten Bilder für das Denken bedeuten. Bis in archetypische Tiefen hinein prägen Bilder unser unbewußtes Erleben. Diesen Hintergrund müssen die Prediger für ihre Arbeit nutzen. Sie können es, indem sie sich grundsätzlich gegen „eine Versteppung des Inneren durch eine abstrakte Rationalität in der Theologie" (*R. Zerfaß)* wehren. Deshalb steht am Anfang dieses Buches ein Bild (Abb. 1). Es lädt zunächst ein, zu schauen und dann das Ge-schaute zu durchdenken. Die Karikatur des „Kanzelungeheuers" läßt jeden Betrachter nachdenklich werden. Sie wirkt aber noch tiefer, indem sie bei ihm Emotionen weckt. Die Angst, die der karikierte Prediger erlebt, überträgt sich auf jeden Menschen, der mit diesem Bild konfrontiert wird. Die Sprache der Prediger wird an-schaulich und konkret, wenn sie auf ihre Weise die Bilder, die ihnen einfallen, achten, die dadurch erzeugten Gefühle ernst nehmen und von ihnen in der Predigt erzählen.

Neben dem sprachlichen Weg, mit der Anschauung in der Predigt umzugehen, besteht eine andere Möglichkeit, Bilder im Training der frei gesprochenen Predigt einzusetzen. Bilder, die nicht von jedem gesehen werden, laden ein, sie ihm zu erklären. Der Nicht-Sehende will wissen, was der Sehende aufnimmt. Die im Deutsch-Unterricht des Gymnasiums geübte Bildbeschreibung bietet sich an, um den Nicht-Schauenden ein Bild zu erklären und gleichzeitig das freie Sprechen zu trainieren. Anders als in der Schule schreibt der Sehende keinen Aufsatz über das Bild, sondern spricht mit einem vorgestellten oder wirklichen Partner über das, was er sieht. Wer seinen Wortschatz erweitert, versucht einzelne Worte zu finden und zu lernen. Er studiert die kleinsten Segmente einer Rede. Wer dagegen ein Bild beschreibt bzw. bespricht, redet im Zusammenhang, und auf die Verständlichkeit seiner Rede kommt es an. Insofern ist die Bildbeschreibung eine Redeschulung, die mit dem Schreiben nichts zu tun hat. Da das Schauen mit dem Sprechen eng verbunden ist, trifft die Bildbeschreibung einen Nerv des freien Sprechens. Sie stimmt mit der Bildhaftigkeit einer gelungenen Predigt überein. Deshalb bevorzugt die Homiletik in einer langfristigen Vorbereitung diese Übung, die didaktisch konsequent zum anschaulichen und freien Sprechen der Predigt hinführt. Über das innere Zusammenspiel hinaus ergeben sich weitere methodische Vorzüge, die im Lernprozeß der freien Predigt nicht zu verachten sind. Die Bildbesprechung zielt immer auf eine Gesprächssituation, in der es mindestens einen Sprechenden und einen Hörenden gibt. Das Bild wird für einen anderen erläutert, damit er es sich vorstellen kann. Eine solche kommunikative Ausrichtung der Bildbeschreibung bleibt im großen und ganzen auch dann erhalten, wenn der Übende wie bei einem Sprechdenkversuch zur Predigt im Selbstgespräch das Bild beschreibt. Ein weiterer Vorteil liegt in der grundsätzlichen Zielorientierung jeder Bildbesprechung. Sie ist niemals ziellos, weil sie dem Nicht-Schauenden auf jeden Fall den Inhalt des Bildes erklären möchte. Von daher kann jeder den Zielsatz schnell in Worte fassen: Ich will meinem Gesprächspartner den Inhalt des Bildes aufschlüsseln. Selbst wenn der Beschreibende dieses Ziel nicht ausdrücklich formuliert, ist es Voraussetzung, weil sonst die Bildbeschreibung sinnlos bleibt. Ich weiß genau, was ich will, bevor ich beginne, zu sprechen und das Bild zu beschreiben. Während des Sprechens helfen mir die Struktur und der Aufbau des Bildes, nicht steckenzubleiben und den „roten Faden“ nicht zu verlieren. Denn jedes Bild besitzt einen oberen und unteren Rand,

Abb. 10

eine rechte und eine linke Seite, eine Mitte und einen Rahmen. Diese Flächenstruktur hilft dem Sprechenden, einen Weg der Beschreibung zu suchen und zu finden. Dabei verirrt sich keiner, weil der Weg entweder von oben nach unten, von rechts nach links, vom Zentrum zur Peripherie oder umgekehrt führt. Die klare Übersicht, die ein Bild bietet, strukturiert den Gang der Rede, der sich sonst nach dem Bildinhalt richtet. Dann unterscheidet der Beschreibende Wichtiges und Unwichtiges. Auf jeden Fall regt ein Bild unsere

Phantasie an, „so daß wir uns nach einigen Augenblicken der Versenkung in das Bild an die Formulierung einer Beschreibung wagen dürfen, die ... vom Wesentlichen in Aussage und Aufbau des Bildes auszugehen und die Einzelheiten, nach ihrer Wichtigkeit für die Vorstellung des Zuhörers geordnet, nachzutragen hat" (*G. Hinsch,* 179f). Gleichgültig, welchen Weg man bei der Bildbeschreibung einschlagen wird, die Anordnung des Bildes erleichtert das Sprechen. Aus diesem Grund empfehle ich den Studenten das, was ich am Anfang des Buches praktiziert habe. Für die Bildbesprechung eignet sich besonders die Karikatur, weil sie ohne Farbe und mit wenigen Strichen eine Aussage macht. Schauen Sie sich die Zeichnung auf der linken Seite bitte einmal an (Abb. 10).

Im Zentrum steht ein evangelischer Pfarrer, der an seinem Bäffchen zu erkennen ist. Wahrscheinlich predigt er, weil eine Kanzel angedeutet ist. Vor ihm liegt das Manuskript, das er anscheinend nicht benutzt. Statt dessen produziert er mit einem langen Röhrchen Seifenblasen. Das, was ich jetzt beschrieben habe, stellt die Zeichnung gekonnt mit wenigen Linien dar. Der nächste Schritt wäre die Deutung. Sind seine Worte leicht wie Seifenblasen? Sind seine Worte leer wie Seifenblasen? Halten seine Worte nicht stand? Sind sie wie Seifenblasen, die schnell zerplatzen? Ich kenne die Antwort nicht. Ich weiß nur, daß mich diese Karikatur wie viele andere zu einem längeren Sprechdenkversuch ermutigt.

Beschreiben Sie Abbildung 10! Wie gehen Sie vor? Warum?
Sie schlagen Ihre Tageszeitung auf. Sie finden eine politische Karikatur. Beschreiben Sie diese! Wiederholen Sie diese Aufgabe Tag für Tag.
Nehmen Sie eine Bildbesprechung auf Cassette auf und kontrollieren Sie nachher ihren Sprechversuch!

Aus der Predigtgeschichte: „Man sol auff der cantzel die zitzen herauß ziehen und das volck mit milch trencken, den eß wechst alle tage eine newe kirch auff, quae indiget primis principiis. Drumb sal man nur den catechismun vleisig treiben und die milch außteylen; dj hohen gedancken und stucken soll man für dj kluglinge privatim behalten. Ich wil Doctoren Pommeranum, Jonam, Phillippum in meyner predigt nicht wisse, den sie wissens vohin baß den ich. Ich predige ihnen auch nicht, sondern meinem Henslein und Elslein." Martin Luther († 1546)

---

3. Erzählen üben...

Ein Gesetzeslehrer fragte Jesus einmal, wer denn sein Nächster sei, den er nach göttlichem Gebot zu lieben habe. Jesus antwortete mit einer Geschichte. Er fing an zu erzählen: „Ein Mann ging von Jerusalem nach Jericho hinab und wurde von Räubern überfallen..." (Lk 10,30ff). Am Ende dieser Geschichte hatte der Gesetzeslehrer verstanden. Er wußte, was Nächstenliebe ist. Nächstenliebe ließ sich mit einer kurzen Geschichte (Lk 10,30–35) erklären. Da Jesus erzählte, brauchte er keine sieben engbedruckte Spalten wie das „Lexikon für Theologie und Kirche". Die Erzählung vom barmherzigen Samariter ist nur eine Geschichte aus dem reichen Erzählschatz Jesu Christi, den die Synoptiker überliefert haben. Gleichnisse, die er selbst erzählte, wechseln mit Geschichten, die über ihn erzählt wurden. Eine solche biblische Erzähltradition hat bis heute theologische Konsequenzen, die erst in jüngster Zeit wieder aufgearbeitet wurden. 1973 gab *J. B. Metz* den Impuls zu einer „narrativen Theologie", als er seinen Aufsatz „Kleine Apologie des Erzählens" veröffentlichte. Die Theologie hat seinen Anstoß heftig diskutiert, an einigen Stellen kritisiert und im großen und ganzen weiterverfolgt, so daß 1986 die Arbeitsgemeinschaft für Homiletik zu einer Tagung mit dem Thema „Erzählter Glaube – erzählende Kirche" einlud. Theologisch gilt: „Christlicher Glaube muß erzählt werden. Weil seine Bekenntnisse und Hymnen, Doxologien und Dogmen geronnene, kondensierte Geschichten sind, verlangen sie danach, als Kurzformeln von Geschichten verstanden, in Erzählungen entfaltet zu werden" (*E. Arens,* 22).

Dieser Vorspann ordnet die Erzählung am Ende des Abschnitts in die Narrativität ein, die die jüdisch-christliche Überlieferung geprägt hat. Erzählen ist mehr als eine Technik, die das freie Reden auf Kanzel und Ambo einübt. Es führt uns in die Struktur theologischen Sprechens ein und übersteigt den homiletischen Horizont. Deshalb verweist predigendes Erzählen auf die „Grundstruktur der Predigt.

Wollte man zwischen Kerygma (Botschaft), Didache (Unterweisung, Belehrung) und Paraklese (Ermahnung, Tröstung) unterscheiden, müßte man sagen, daß das Element der Erzählung in jede dieser drei Gestalten einzugehen, daß jede dieser Gestalten der Erzählung ihren Charakter zu verleihen vermag" (*R. Bohren,* 171). Gerade das Erzählen Jesu beweist, daß die Form seines und unseres Sprechens nicht unabhängig vom Inhalt der Botschaft ist.

Wer erzählen lernt, lernt leichter, die Predigt frei zu sprechen, und er verbindet sein Können mit einem fundamentaltheologischen Prinzip. Was macht das Erzählen reizvoll, und welche sprecherischen Fähigkeiten trainiert es? Das Erzählen führt fort, was die Predigerinnen und Prediger bei der Bildbesprechung geübt haben. Geschichten regen die Vorstellungskraft des Erzählenden und des Hörenden an, und sie vermitteln, anders als das Bild, im erzählten Text Anschauung. Jedes Erzählen ist anschaulich, weil es ein konkretes Ereignis der Geschichte, die immer wieder Geschichten erzählt, mit Hilfe der Sprache ab-bildet. Man wird „bedenken müssen, daß es kein blindes Erzählen gibt; der Begriff ‚Anschaulichkeit' mag andeuten, wie sehr die Anschauung zur Erzählung gehört: Ich kann nur erzählen, was ich irgendwie gesehen habe, was ich mir irgendwie vor-stellen kann" (*R. Bohren,* 174f). Selbst wenn es theologisch problematisch ist, Glauben und Sehen zu eng miteinander zu verknüpfen, die biblischen Geschichten bauen eine Brükke, indem sie das, was kein Auge gesehen hat, in Bildern darstellen. „Das Himmelreich ist wie", so beginnt Jesus zu erzählen, und es folgt ein anschauliches Bild. Die Regeln, die für die Bildbesprechung gelten, sind also auf das Erzählen zu übertragen. „Erzählen ist nicht Berichten, ist mehr als das Mitteilen von Vorgängen. Wenn einer gut erzählen kann, dann versteht er es, einen Vorgang so darzustellen, daß wir ihn nacherleben können. Der Erzähler teilt uns nicht nur seine eigenen Empfindungen oder die Empfindungen der am Vorgang Beteiligten mit. Er weckt in uns ähnliche Empfindungen: Heiterkeit oder Traurigkeit, Spannung oder Erleichterung" (*K. Pawlowski,* 105). Das Erzählen beteiligt die Hörerinnen und Hörer an den Emotionen des Erzählers und des Erzählten. Das macht die Spannung einer „guten" Geschichte aus. Insofern trainiert das Erzählen eine Fertigkeit, die vielen Predigerinnen und Predigern abgeht. Man lernt, auf die Emotionen im Sprechen zu achten. Jede Predigt sendet neben der inhaltlichen eine emotionale Botschaft, die die Prediger in der Vorbereitung meistens vernachlässigen. Das Erzählen zwingt dagegen die Erzähler, hellhörig auf die Gefühle zu reagieren und sie ins Wort zu heben.

Wie die Bildbesprechung, so erfordert jedes Erzählen eine kommunikative Grundsituation, weil ich mindestens einem wirklichen oder vorgestellten Hörer meine Geschichte erzählen will. „Der wirkliche Erzähler ... wendet sich seinem Zuhörer zu mit der Absicht, ihn für das, was erzählt werden soll, zu gewinnen. Er geht mit seinem Erzählen den Zuhörer an, er erzählt um des Zuhörens willen“ (*Chr. Winkler,* 444). Im Blick auf die Hörerinnen und Hörer baut er die Erzählung auf. „An die Kritik: Das war nicht spannend läßt sich am besten anknüpfen. Was heißt das? Worauf sollte sich die Absicht, zu spannen, richten? Und es wird klar: der Zuhörer ist es, der in Spannung gebracht werden muß, für ihn erzählen wir spannend. Und zwar spannen wir auf das Besondere hin, das wir erzählen wollen“ (*Chr. Winkler,* 444). Die Spannung als Merkmal

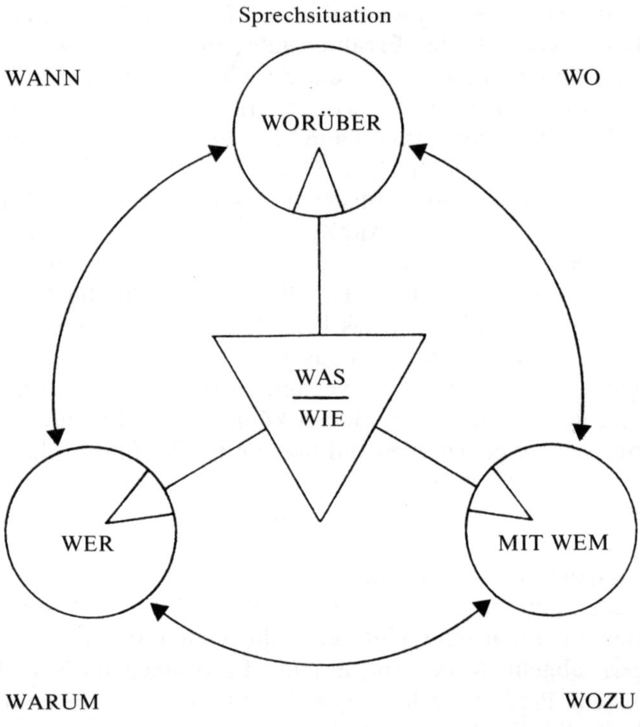

Abb. 11

des Erzählens beweist, wie kommunikativ es ist und wie sinnvoll es zum Predigen hinführt. Auch die gute Predigt „spannt“ die Gemeinde an, weil das Besondere der Frohen Botschaft zur Sprache kommt. Der an der Hörerschaft ausgerichtete Begriff der Spannung bleibt Charakteristikum des Erzählens, selbst wenn der Prediger alleine übt. Neben einer solchen kommunikativen Orientierung besitzt jede Erzählung ein – homiletisch ausgedrückt – Erzählziel. Erzählen ist niemals ziellos, ja es ist sogar „eine besondere Form zielgerichteten Mitteilens“ *(I. Schweinsberg-Reichart)*. Bevor ich erzähle, muß ich mich fragen, was und wen ich mit meiner Geschichte erreichen will. Erst wenn mir als Erzähler das Ziel des Erzählens klar ist, kann ich mit dem vorbereitenden Sprechdenken beginnen. Eine Absicht sollte z.B. vor allem „durchgehalten werden, die anderen immer mit im Erleben zu halten“ (*Chr. Winkler*, 446). Eine Hilfe zur Gliederung meiner Geschichte sind die sogenannten W-Fragen der Rhetorik, die jede Sprechsituation strukturieren können (Abb. 11). Wer erzählt wem, was, worüber, wann, wo, warum, und wozu? Da jede Geschichte einen Anfang und ein Ende besitzt, ist ihr Erzählverlauf relativ festgelegt. Der Erzähler kann normalerweise nur einen Weg beschreiten: vom Beginn (A) zum Schlußpunkt (B). Wer schon einmal einen Witz erzählt, weiß, wie wichtig die richtige Reihenfolge ist. Ohne sie geht die Pointe verloren. Der Weg von A nach B ist gleichzeitig der „rote Faden“ der Geschichte, was das Erzählen erleichtert. Die Erzählerinnen und Erzähler müssen den „roten Faden“ nicht mühsam suchen, weil er von vornherein gegeben ist. An einer „guten“ Geschichte ist zu erkennen, was ein „roter Faden“ ist und wie er für das Erzählen funktioniert. Am besten beginnen Sie Ihre Erzählübung, indem Sie kleine, aber wertvolle Geschichten nacherzählen. Sie werden schnell merken, daß das Erzählen von Ihnen mehr verlangt, als nur den Inhalt einer Geschichte wiederzugeben.

„Wenn du mitreißend erzählen willst, solltest du
(a) einen guten Hörerkontakt herstellen,
– die Hörer beim Sprechen ansehen,
– sie direkt ansprechen,
– wenn möglich an ihre speziellen Voraussetzungen (z.B. ihre Art, über das Thema zu denken, zu fühlen, zu handeln) anknüpfen;
(Der Hörerkontakt ist auch zu bedenken, wenn ich mit dem Cassettengerät alleine übe. A.D.)
(b) trotz aller Spontaneität verständlich sprechen:
– deutlich artikuliert, nicht hetzen,
– einen roten Faden knüpfen (z.B. durch einen klaren Zeitablauf: „zunächst ... danach ... dann endlich“ oder durch Verknüpfen paralleler Episoden: „Egon saß noch beim Essen... Er konnte nicht ahnen, daß zur gleichen Zeit...),
(c) trotz aller Verständlichkeit anschaulich sprechen, Gefühle vermitteln, dich selbst einbringen:

– Bilder, Beispiele, Vergleiche verwenden,
– Stimmungen und Gefühle durch entsprechenden Sprechausdruck … nacherlebbar machen“ (*K. Pawlowski,* 109).

Neben der Nacherzählung gibt es noch viele andere Möglichkeiten, um das Erzählen zu üben. Sie können eine bekannte Geschichte (z. B. ein Märchen oder ein biblisches Gleichnis) einmal rückwärts erzählen, d. h. Sie stellen den zeitlichen Ablauf auf den Kopf. Oder Sie versuchen ein Sprichwort zu erzählen! Vielleicht betrachten Sie ein Bild in der Zeitung. Lesen Sie bitte noch nicht den dazu passenden Bericht, sondern erfinden Sie zu diesem Bild eine Geschichte. Wenn Sie Gäste haben, beginnen Sie eine Erzählrunde. Jeder im Kreis erzählt den anderen seine Lieblingsgeschichte. „Wer zu erzählen beginnt, erfährt, wie das Erzählen Menschen löst. Es stiftet Gemeinschaft, Kommunikation“ (*F. Kamphaus,* Erzählend, 334). Eine solche Übung kennt literarische Vorbilder, denn erzählend sind die „Märchen von 1001 Nacht“ und die Geschichten des „Decamerone“ entstanden. Nehmen Sie Ihre eigenen Erzählversuche mit dem Cassettengerät auf, und kontrollieren Sie Ihr Erzählen als kritischer Hörer. „Wer ein Mensch ist, – wie sollen wir es anders sagen, als indem wir seine Geschichte erzählen. Wer Gott ist, – eigentlich können wir das gar nicht sagen. Er läßt sich nicht abstrakt definieren. Wir können nur konkret von ihm erzählen, seine Geschichte mit den Menschen“ (*F. Kamphaus,* Erzählend, 333).

Erzählen Sie gerne? Wem erzählen Sie gerne? Welche Geschichten erzählen Sie gerne?
Haben Sie in der Predigt schon einmal erzählt oder eine erzählende Predigt gehört? Wie hat das Erzählen auf Sie gewirkt?
Erzählen Sie eine Geschichte zu dem Sprichwort „Lügen haben kurze Beine“!
Erzählen Sie ihre Lieblingsgeschichte aus dem Alten oder Neuen Testament!

Aus der zeitgenössischen Literatur: „Und jetzt ein Erzähler unserer Tage: er wirkt unkonzentriert, räuspert sich ständig, raucht, fragt: wo war ich stehengeblieben? Sein Wortschatz ist nicht groß, seine Grammatik hat Mängel. Sein Gesichtsausdruck ist meist eher unbelebt, gleichgültig wie der eines Pokerspielers. Er hält sich an Details auf, überlegt des längeren, ob das wirklich an einem Donnerstag war und ob der Mann, von dem er spricht, aus dem Norden oder dem Süden kam. Er verliert den Faden, weil ihm etwas einfällt, lacht schon im voraus, falls es ihm lustig vorkommt.“ Sten Nadolny, Selim oder Die Gabe der Rede

---

VI. Ein Beispiel: Stichwortzettel und Predigt

Während ich an diesem Buch schrieb, lief mein sonntäglicher Predigtdienst weiter. Seine Anforderungen brachten mich auf die Idee, die eigenen Stichwortzettel zu kontrollieren und Ihnen ein Beispiel vorzustellen. Vielleicht ermutigt es Sie, meinen vorgeschlagenen Weg zur freien Predigt auszuprobieren. Ich arbeite mir zu jeder Predigt einen Stichwortzettel aus. *Rolf Zerfaß* hat in seinem „Grundkurs" einen solchen Stichwortzettel veröffentlicht (125). Die passende Predigt findet sich in seinem Band 33 Seiten weiter (158). An diesem Beispiel kritisiere ich, daß es, wie so oft und obwohl Zerfaß prinzipiell anderer Meinung ist, die Vorbereitung einer frei gesprochenen Predigt auf den Kopf stellt. Zerfaß präsentiert einen Stichwortzettel, der sich nicht aus mehreren Sprechdenkversuchen ergeben hat, sondern der „durch nachträgliches Exzerpieren der schriftlichen Fassung gewonnen" (124) wurde. Das Schreiben rangiert wieder vor dem Sprechen. Deshalb erklärt die beigefügte Predigt nicht viel. Sie ist grammatisch und stilistisch geglättet, wie es sich für einen geschriebenen Text gehört. Der Charakter des freien Sprechens schimmert nicht mehr durch.

Ich stelle Ihnen dagegen einen Stichwortzettel vor, den ich nach einigen Sprechdenkversuchen formuliert habe. Er hat keinen geschriebenen Text als Grundlage. Die Predigt, die ich nach diesem Stichwortzettel gehalten habe, wurde auf Tonband aufgenommen, und nach diesem Tonband schrieb die Sekretärin den vorliegenden Predigttext. Ich hatte sie angewiesen, grammatisch und stilistisch nichts zu glätten. Alle Brüche, alle Wiederholungen und alle Fehler sollten im Schriftbild sichtbar bleiben, damit das Wesen der gesprochenen Sprache hervortritt. Vieles, was das freie Sprechen auf der Kanzel oder dem Ambo ausmacht, geht auch in diesem Versuch verloren. Dennoch wird jeder Leser und jede Leserin merken, wie sich das Protokoll der gesprochenen Predigt vom Text einer geschriebenen Predigt unterscheidet.

1. Der Stichwortzettel

1

Predigt zum 5.Sonntag der österlichen Bußzeit, Lesejahr A, Joh 11,1-45
31.3.1990 17.45 Uhr; 1.4.1990 9.45 Uhr und 11.00 Uhr Mönchengladbach-Neuwerk

Zielsatz: Ich bitte meine Hörerinnen und Hörer: überprüft Euer Glaubensbekenntnis an Jesus Christus!

ärgern am Evangelium?
2.Teil=phantastische Geschichte
wirklich so ereignet?
Fakten überprüfen!

an Äußerlichkeiten klammern, wenn nur nach Realität fragen

freuen am Evangelium?
1.Teil wichtiger als 2.Teil
Gespräch zwischen Jesus und Martha=ihr Glaube

Martha: vertraut Jesus: "Herr, wärst du hier gewesen, dann wäre mein Bruder nicht gestorben." V 21
wächst über sich hinaus: "Ich weiß, daß er auferstehen wird bei der Auferstehung am Letzten Tag."V 24

5.So.in Bußzeit A 2

bekennt:"Ja, Herr, ich glaube, daß du der Messias bist, der Sohn Gottes, der in die Welt kommen soll."
V 27

EINDEUTIGES GLAUBENSBEKENNTNIS

glauben ohne Totenerweckung, ohne Lazarusgeschichte,

"Jeder,der an Jesus glaubt, wird leben, wenn er stirbt!
Glauben Sie das?"

Martha für mich = gutes Vorbild
ich versuche zu glauben:
Jesus Christus Bedeutung für mein Leben
Sinn, vor Tod - nach Tod

Jesus Christus: erfüllen Sehnsucht nach ewigem Leben

Warum glauben?

nicht wegen eines Wunders
ernst nehmen von Martha - gute Freundin Jesu
mit Zeugen rechnen: Petrus , Paulus-Jesus nie gesehen,
für ihn gestorben
mein Hunger nach Leben unersättlich

Deshalb: Jesus - dafür einzige Nahrung,
kleine Zeichen mit Jesus verbinden
seine ganze Lebensgeschichte vertrauenswürdig

"Glauben Sie an Jesus, den Lebendigen?

schwer-so schwer Spatz, Frühlingslied pfeift:
Geschichte vorlesen!

Der Spatzen Frühlingslied

An einem Wintertag war es. Der Schneewind heulte, und klirrender Frost herrschte über dem Land. Da kratzte der Weidenbaum mit eisüberzogenen Zweigen an den Fensterläden der Hütte und flehte: »Laß mich ein. Mich friert so.«
Irgendwo hinten in der Scheune kollerte der Truthahn: »Einen bösen Winter haben wir in diesem Jahr. Und er will und will nicht weichen.«
Da steckte der Spatz seinen Kopf unterm Dachrand hervor und schilpte: »Die Kälte ist ja schon gebrochen, und der Winter schwindet dahin.«
»Du lügst!« heulte der Sturm und warf ihm Schnee in die Augen.
Und auch der Frost kreischte: »Du lügst!«
Er wehte den Spatz mit seinem Eishauch an, daß dem die Federchen weiß anliefen. Doch der Spatz lugte weiter unter dem Dach hervor und schilpte unentwegt: »Es stimmt aber doch. Die Kälte ist gebrochen. Der Frühling kommt. Haltet aus!«
Bald darauf taute die Sonne lauter Löcher in den Schnee. Die Lerchen kamen zurück und auch die Stare. Und sangen ihr Frühlingslied, daß es weithin schallte. Der Truthahn schritt über den Hof und kollerte: »Da ist er ja, der Frühling ... «
Und weit und breit sang es vom Frühling.
Und über all den Frühlingsliedern erinnerte sich die Weide an das, was der graue Spatz gesagt hatte. Ihm war so kalt gewesen wie allen anderen auch. Doch er hatte sein bißchen Wärme zusammengenommen, um den anderen Tieren zu verkünden: »Der Frühling kommt!«
Als allererster hatte der Spatz den Frühling im grauen Wirbel des Schneesturms erkannt und sich nicht gefürchtet, sein Kommen anzukünden. Mitten im Winter, als das Land noch erstarrt lag in Eis und Schnee

Brüder Bondarenko *

Spatz pfeift mitten im Winter - kommende Frühjahr
Martha am Grab ihres Bruders bekennt - ewiges Leben
SIE? SIE? ICH? ICH?

* (aus: Wie das Leben durch die Welt wanderte, hg. D. Steinwede, Gütersloh 1983, 2. Aufl., 54)

Die Predigt legt die Geschichte von der Auferweckung des Lazarus aus (5. Sonntag der Österlichen Bußzeit, Lesejahr A, Joh 11,1–45). Ich habe sie zum dritten Mal sonntags um 11.00 Uhr in der Stadtrandgemeinde Mönchengladbach-Neuwerk gehalten. Da ich sie ohne Korrektur übernehme, beansprucht sie nicht, Modell oder Predigthilfe zu sein. Der Stichwortzettel ist ursprünglich auf DIN A5 Blätter im Querformat mit der Hand geschrieben.

2. Tonbandmitschrift der Predigt

„Liebe Christinnen, liebe Christen!

Sie können nicht wissen, was mich bei diesem Evangelium auf die Palme bringt. Es ist noch nicht einmal das ganze Evangelium. Es ist diese phantastische Geschichte mit Lazarus. Ich kenne mich, und ich kenne viele andere Menschen. Die fangen sofort an zu bohren: Ist das denn wirklich geschehen? Ist das wirklich passiert? Ein Toter ist wieder zum Leben erweckt worden. Geht das denn überhaupt? Können so die Naturgesetze über den Haufen geschmissen werden? Und wieso haben wir das heute noch nicht erlebt?

Mich ärgern meine eigenen Fragen, weil ich im Grund an Äußerlichkeiten hängen bleibe, an einem Ereignis, wie es abgelaufen ist. Aber zum Kern, was es uns zu sagen hat, stoße ich gar nicht mehr vor. Die äußeren Fakten interessieren mich. Wie ist es passiert, wie ist es gegangen? Aber das, was wirklich damit gesagt werden soll, für uns heute, da geh' ich dann leichtfertig darüber weg. Und ich weiß ganz genau, und das ärgert mich noch mehr, keiner kann Ihnen und mir eine Antwort geben auf diese Fragen. Keiner weiß es, ob es so oder anders passiert ist. Und insofern sind diese Fragen fast überflüssig.

Sie können natürlich dann auch nicht wissen, was mich freut an diesem Evangelium. Das ist der erste Teil der Geschichte. Der erste Teil der Geschichte ist viel wichtiger, viel entscheidender als der zweite Teil. Wenn Sie mitgehört haben, dann haben Sie gemerkt, daß der zweite Teil wegbleiben könnte. Denn im ersten Teil ist das Entscheidende passiert: das Gespräch zwischen Jesus und dieser Frau Martha, das Gespräch, das Jesus auf die Spitze treibt und das zu einem entscheidenden Glaubensbekenntnis führt. Ja, Herr, ich glaube, daß du der Messias bist. Als Martha das ausspricht, ist die Totenerweckung noch nicht passiert. Als Martha das ausspricht, da weiß sie noch nicht, wie Jesus reagieren wird. Da weiß sie noch nicht, was auf sie zukommen wird. Also Martha glaubt ohne das Wunder! Martha glaubt ohne die Totenauferweckung. Wenn du hier gewesen wärest, dann wäre mein Bruder nicht gestorben. Das klingt noch sehr vordergründig. Das klingt so, wie wenn wir sagen: Wenn der Arzt es früher erkannt hätte, dann wäre er nicht gestorben. Aber Martha steigert sich. Ja, Herr, ich weiß, daß er auferstehen wird am Letzten Tag. Und Jesus spricht sie jetzt direkt an. Ich bin die Auferstehung. Wer an mich glaubt, wird leben, wenn er stirbt. Martha, glaubst du das? Ja, Herr, ich glaube, daß du der Messias bist, der Sohn Gottes, der in die Welt gekommen ist. Etwas Größeres kann Martha nicht sagen. Sie hat sich selbst übertroffen. Sie hat sich übertroffen, ohne daß das Wunder sich ereignet hat. Sie spricht so vor der Totenauferweckung. Ich bin die Auferstehung. Wer an mich glaubt, wird leben, auch wenn er stirbt. Glauben Sie das, meine Damen und Herren? Glaube ich das?

Ich glaube, daß Martha mir ein gutes Vorbild ist. Ich glaube auch daran, daß dieser Jesus Christus, mit dem Martha spricht, für mein Leben eine entscheidende Bedeutung hat und nicht nur, weil ich mich beruflich mit ihm beschäftigen muß. Ich glaube daran, daß dieser Jesus Christus meinem Leben Sinn... – mein Leben: ich hänge an meinem Leben, ich freue mich des Lebens – ...meinem Leben einen Sinn geben kann. Vor dem Tod, es lohnt sich jetzt zu leben, und erst recht nach dem Tod! Und ich glaube daran, daß dieser Jesus Christus meine unstillbare Sehnsucht nach Leben... – die steckt in mir, die steckt in Ihnen, wenn Sie richtig in sich hineinhorchen – ...diese unstillbare Sehnsucht nach Leben, daß er sie erfüllen kann und erfüllen wird.

Sie werden mich jetzt fragen, ja, warum glaubst du das? Ich glaube es, weil Martha ... weil ich Martha und ihr Glaubensbekenntnis ernst nehme. Immerhin, diese Frau kannte Jesus. Sie wußte, mit wem sie es zu tun hatte. Ich glaube es, weil ich die a... mit anderen Zeugen rechne, mit Petrus z. B. oder mit Paulus, der Jesus Christus nie gesehen hat und trotzdem für ihn gestorben ist. Oder mit vielen Frauen und Männern hier aus der Gemeinde, die sehr, sehr tief glauben und die mir immer wieder davon berichten, daß Jesus Christus das Leben ist. Ich glaube daran, weil Jesus Christus der einzige ist, der mir die Nahrung für den Hunger nach Leben verspricht. Und ich glaube daran, weil Jesus Christus und das, was ich von ihm kenne, was ich von ihm weiß – seine ganze Lebensgeschichte, so wie sie überliefert ist – sehr vertrauenswürdig sind.

Ich glaube daran. Das ist natürlich leicht gesagt, vor allen Dingen hier. Ich glaube, ich glaube, man kann das so schön sagen. Aber Sie wissen es, und ich weiß es aus eigener Erfahrung, manchmal verdunkelt sich dieser Glaube, der jetzt so klar ist und seine Worte findet, vielleicht zu schnell seine Worte findet. Manchmal ist diese Klarheit weit weg, ganz weg. Und dann ist es so, als wenn ich in einen Tunnel hineingehe, und alles ist dunkel, und am Ende ist das Licht noch nicht einmal zu sehen. Oder es ist so, wie wenn der Spatz mitten im Winter sein Frühlingslied pfeift. Apropos Spatz! Da gibt es eine schöne Geschichte, die ich Ihnen zum Abschluß vorlese:

An einem Wintertag war es, und so einen Tag haben wir gar nicht in diesem Winter erlebt, der Schneewind heulte, und klirrender Frost herrschte über dem Land. Da kratzte der Weidenbaum mit eisüberzogenen Zweigen an den Fensterläden der Hütte und flehte: „Laß mich ein, mich friert so." Irgendwo hinten in der Scheune kollerte der Truthahn: „Einen bösen Winter haben wir in diesem Jahr, und er will und will nicht weichen." Da steckte der Spatz seinen Kopf unter dem Dachrand hervor und schilpte: „Die Kälte ist ja schon gebrochen, und der Winter schwindet dahin." „Du lügst!" heulte der Sturm und warf ihm Schnee in die Augen, und auch der Frost kreischte: „Du lügst!" Er wehte den Spatz mit einem Eishauch an, daß dem die Federchen weiß anliefen. „Es stimmt aber doch. Die Kälte ist gebrochen. Der Frühling kommt. Haltet aus!" Bald darauf taute die Sonne lauter Löcher in den Schnee. Die Lerchen kamen zurück und auch die Stare. Und sangen ihr Frühlingslied, daß es weithin schallte. Der Truthahn schritt über den Hof und kollerte: „Da ist er ja, der Frühling." Und weit und breit sang es vom Frühling. Und über all den Frühlingsliedern erinnerte sich die Weide an das, was der graue Spatz gesagt hatte. Ihm war so kalt gewesen, wie allen anderen auch. Doch hatte er sein bißchen Wärme zusammengenommen, um den anderen Tieren zu verkünden: „Der Frühling kommt!" Als allererster hatte der Spatz den Frühling im grauen Wirbel des Schneesturmes erkannt und sich nicht gefürchtet, sein Kommen anzukünden. Mitten im Winter, als das Land noch erstarrt lag in Eis und Schnee.

Mitten im Winter glaubte der Spatz an das kommende Frühjahr.

Mitten auf dem Friedhof, am Grab ihres Bruders, glaubte Martha an die Auferstehung und das Leben.

Woran glauben Sie? Wie glauben Sie? So wie der Spatz und wie Martha?"

Zum Ausklang – wieder ein Bild

Nachdem ich viele Worte geschrieben habe und Sie viele Worte gelesen haben, lasse ich das Buch mit einem Bild ausklingen. Wir haben unseren Dialog mit einer Karikatur begonnen; beenden wir ihn mit einer Skulptur von Donatello, die sich in der Frari-Kirche zu Venedig befindet. Donatello, geboren (zwischen 1382 und 1386) und gestorben (1466) in Florenz, ist einer der berühmtesten italienischen Bildhauer des 15. Jahrhunderts, des quattrocento. Seine Lebensgeschichte verweist immer wieder auf Florenz und die Toskana, wo sich viele seiner Plastiken finden. Insofern war die Urlaubsbekanntschaft, die ich mit seiner Johannesfigur in Venedig machte, ein Zufall. Wer die Frari-Kirche in Venedig besucht, will zuerst das Altargemälde „Mariä Himmelfahrt" von Tizian bewundern. Etwas versteckt in einer Seitenkapelle steht auf dem Altar die aus Holz geschnitzte Figur „Johannes der Täufer" (Abb. 12), die Donatello um 1451 geschaffen hat. Die farbig gefaßte Skulptur stellt einen schmächtigen Mann dar, der mit Fellen und einem losen Umhang bekleidet ist. Er erhebt mahnend seinen rechten Arm, und mit dem linken hält er ein Spruchband fest, auf dem das Wort „Ecce" zu erkennen ist. Wahrscheinlich bezieht sich der Bildhauer auf die Stelle des Johannesevangeliums, die beschreibt, wie der Täufer Jesus auf sich zukommen sieht und bekennt: „Seht, das Lamm Gottes, das die Sünde der Welt hinwegnimmt" (Joh 1,29 b). (Vulgata: Ecce Agnus Dei...) Dieser Johannes wirkt wie ein Bußprediger, der streng fastet und sich selbst stark züchtigt. Bruegel ließ auf seinem Bild den Prediger Johannes (vgl. Abb. 2) fast verschwinden. Die Hörerschaft umringt ihn ganz, während er aus dem Hintergrund die Menge anspricht. Donatello stellt dagegen nur den Prediger dar, dessen Redegabe im Vordergrund steht. Die BetrachterInnen werden zu HörerInnen. In einem der kleinen Reiseführer, die an den Kirchtüren angeboten werden, überraschte mich der dort angegebene Titel dieser Figur nicht: Der Redner. Alles an dieser Plastik konzentriert sich auf die Überzeugungskraft der johanneischen Predigt. Der Täufer predigt frei, und er steht mir gegenüber, ohne daß

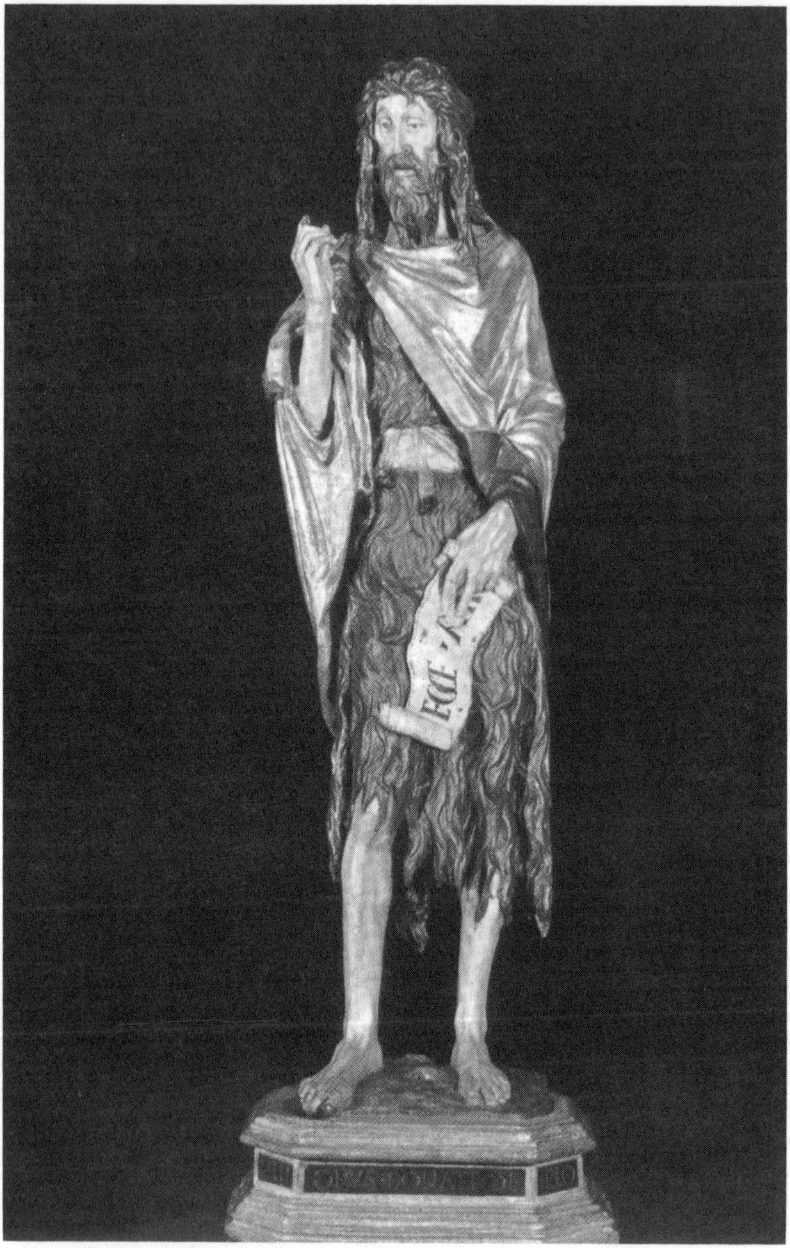

Abb. 12: Johannes der Täufer, Donatello (um 1451), Venedig

ihn ein Manuskript einmauert. Aber das Bild ist mehr als eine Bestätigung dieses Buches. Auf die freie Predigt des Johannes fällt nur ein Seitenblick, mein Hauptaugenmerk richtet sich auf den überzeugten und überzeugenden Prediger. Jede Predigt will überzeugen, unabhängig von ihrer formalen Gestalt. Entscheidend ist die Überzeugungskraft, die in den Worten der PredigerInnen liegt. Der Täufer von Donatello verkörpert für mich das Charisma, das die Predigt erst zur Verkündigung macht. Die Person, die spricht, überzeugt, weil Wort und Leben übereinstimmen. Meiner Meinung nach gelingt es Donatello, die Identität zwischen Persönlichkeit und Predigt meisterhaft darzustellen. Der Prediger ist schon Botschaft, bevor er seinen Mund öffnet. Was sein Mund sagt, ist nichts anderes als das, was seine Person ausdrückt. Die Person steht voll hinter dem, was sie verkündigt. Dadurch wird seine Predigt zum Zeugnis eines Zeugen. Jeder, der diesem Prediger gegenübertritt, wird seiner Bitte folgen und hin-sehen. So gelangt die Predigt des Johannes zu ihrem Ziel: Seht, das Lamm Gottes. Es ist nicht meine Aufgabe, die Leserinnen und Leser zum Fasten anzuhalten und ihnen ein Gewand aus „Kamelhaaren“ anzuziehen (vgl. Mt 3,4). Die Details des johanneischen Lebens bewirken nicht die Überzeugungskraft seiner Predigt. Diese liegt in der prinzipiellen Übereinstimmung zwischen dem, wie er lebt, und dem, was er predigt. Zu solcher Identität ermuntere ich alle Predigerinnen und Prediger, weil sie den entscheidenden „Funken überspringen“ läßt. Jedes Mal, wenn unsere Hörerinnen und Hörer spüren, daß wir hinter dem gepredigten Wort stehen, trifft sie die Botschaft Gottes, und es geschieht ein Wunder der Gnade. Meiner Meinung nach ist die frei gesprochene Predigt eine Hilfe, damit dieses Wunder geschehen kann. Sie stärkt zumindest die PredigerInnen in ihrem Bemühen um die eigene Identität, so daß Wort und Leben gleichermaßen wahr sind. Das freie Sprechen dämmt die Möglichkeit ein, sich zu verstellen oder unehrlich zu reden. Diese Versuchung wird nicht ganz unterbunden, aber mit einem ausgeschriebenen Manuskript kann der Prediger leichter lügen und die Einheit von Wort und Leben aufheben. Frei predigend verraten zumindest die Gesten, was er wirklich denkt und glaubt.

Damit die Predigerinnen und Prediger zu sich selbst finden und damit ihr gepredigtes Wort mit ihrem Leben übereinstimmt, plädiere ich noch einmal für die frei gesprochene Predigt. Sie allein macht frei

– für die notwendige Hinwendung zur biblischen Botschaft,

– für die geschwisterliche Hinwendung zu den Hörerinnen und Hörern,
– für die ehrliche Hinwendung zum eigenen Glauben und Leben.

In solcher Freiheit habe ich keine Angst vor der Predigt, weil sie nicht der Drache ist, der meine Hörer und mich zu verschlingen droht. Angst wandelt sich in Freude, weil ich einen Dialog mit Schwestern und Brüdern beginnen darf. Und der Dialog wird ein Gespräch, das Jesus Christus in die Mitte der Gemeinde holt. Wie Johannes wird der Prediger auf die Mitte verweisen: Seht, da ist Christus!

Ich bedanke mich bei jeder Predigerin und bei jedem Prediger, der sich um die freie Predigt bemüht und damit dem Wort Gottes eine großartige Chance einräumt.

Literaturverzeichnis

ALBRECHT, Horst, Predigen, Stuttgart 1985.

ALLHOFF, Dieter-W. und Waltraud, Rhetorik & Kommunikation, Regensburg 1987, 6. Aufl.

ALTMANN, Eckhard, Die Predigt als Kontaktgeschehen, Stuttgart 1963.

ARENS, Edmund, „Wer kann die großen Taten des Herrn erzählen?" (Ps 106,2). Die Erzählstruktur christlichen Glaubens in systematischer Perspektive, in: Erzählter Glaube – Erzählende Kirche, hrsg. von Rolf Zerfaß (= QuDisp 116), Freiburg 1988, 13–27.

ARENS, Heribert, Richardt, Franz u. Schulte, Josef, Kreativität und Predigtarbeit, München 1974.

BAHR, Hans Eckehard, Verkündigung als Information, Hamburg 1968 (= Konkretionen 1).

BARTH, Karl, Homiletik, Zürich 1966.

BOHREN, Rudolf, Predigtlehre, München 1974, 3. Aufl.

DAMBLON, Albert, Sprechen! Sprechen! Sprechen!, in: ZGP 7 (1989) 22–25.

DANNOWSKI, Hans-Werner, Kompendium der Predigtlehre, Gütersloh 1985.

DRACH, Erich, Sprechererziehung. Die Pflege des gesprochenen Wortes in der Schule, Oberursel 1949, 11. Aufl.

GEISSNER, Helmut, mündlich: schriftlich. Sprechwissenschaftliche Analysen „freigesprochener" und „vorgelesener" Berichte, Frankfurt 1988.

DIE GEMEINDE. Pastorale-Handreichung für den pastoralen Dienst, Mainz 1970.

GRUBER, Andreas, in: Der Prediger und Katechet 119 (1980).

GÜNTHÖR, Anselm, Die Predigt, Freiburg 1963.

HINSCH, Gerhard, Wegweiser zum richtigen Sprechen und Reden: Sprecherziehung – Leselehre – Redeschulung, Heidelberg 1979, 4. Aufl.

HIRSCHLER, Horst, Biblisch predigen, Hannover 1988.

JAHNKE, Rolf, Sprechtechnik und Redekunst. Ein Lehrgang für sicheres Auftreten und freies Reden, München 1988.

JETTER, Manfred, Homiletische Akupunktur. Teilnahmsvolle Notizen – die Predigt betreffend, Göttingen 1976.

JOSUTTIS, Manfred, Die Öffentlichkeit der Verkündigung. Proklamation in der Predigt oder Information durch die Massenmedien? in: ders., Praxis des Evangeliums zwischen Politik und Religion. Grundprobleme der Praktischen Theologie, München 1980, 2. Aufl., 41–69.

KAMPHAUS, Franz, Von der Exegese zur Predigt. Über die Problematik einer schriftgemäßen Verkündigung der Oster-, Wunder- und Kindheitsgeschichten, Mainz 1971, 3. Aufl.

KAMPHAUS, Franz, Erzählend predigen, in: Lebendige Seelsorge 28 (1977) 332–335.

KEUCK, Werner, Stichwortkonzept, in: Weizenkorn A 2, 139–143.

KLIEM, Richard, Schallform, in: Sprache und Predigt. Ein Tagungsbericht, hrsg. von Michael Frickel, Würzburg 1963, 215–236.
DIE KOMPETENZ DES PREDIGERS im Spannungsfeld zwischen Rolle und Person, hrsg. von Rolf Zerfaß u. Franz Kamphaus, Münster 1979.
KRIEGSTEIN VON, Matthias, Predigt als Gespräch, Stuttgart 1979.
LERLE, Ernst, Die Predigt im Neuen Testament, Uelzen 1956.
LUBKOLL, Hans-Georg, Blick in die Predigtwerkstatt, München 1985.
MÜLLER, Josef, Predigtvorbereitung in „Sprechdenk-Versuchen", in: Lebendige Seelsorge 28 (1977) 339–342.
NIX, Udo Herbert, Überzeugend und lebendig reden. So steigern Sie Ihre persönliche Ausstrahlungskraft, Landsberg a. Lech 1985.
PAROW, Julius, Die Heilung der Atmung. Übungstechnik der Funktionellen Atmungstherapie für Lehrer und Schüler, Stuttgart 1981, 3. Aufl.
PAWLOWSKI, Klaus, Lungershausen, Helmut u. Stöcker, Fritz, Jetzt rede ich. Ein Spiel- und Trainingsbuch zur praktischen Rhetorik, Wolfsburg 1985.
PIETRON, Josef, Predigtvorbereitung in der Gruppe, in: Weizenkorn A 6, 127–130.
RAD VON, Gerhard, Das erste Buch Mose. Genesis Kapitel 1–12,9, Göttingen 1967, 7. Aufl. (= ATD 2).
RATH, Rainer, Kommunikationspraxis. Analysen zur Textbildung und Textgliederung im gesprochenen Deutsch, Göttingen 1979.
REINERS, Ludwig, Stilkunst, München 1976.
ROTHERMUNDT, Jörg, Predigt als freie Rede, in: WPKG 68 (1979) 68–85.
RUHLEDER, Rolf H., Rhetorik Kinesik Dialektik. Redegewandtheit Körpersprache Überzeugungskunst, Bad Harzburg 1986, 6. Aufl.
SCHÜEPP, Guido (Hrsg.), Handbuch zur Predigt, Zürich 1982.
SCHÜTZ, Werner, Probleme der Predigt, Göttingen 1981 (= Dienst am Wort 41).
SCHWARZ, Alois, Praxis der Predigterarbeitung, Graz 1986.
SCHWEINSBERG, Fritz, Stimmliche Ausdrucksgestaltung im Dienste der Kirche, Heidelberg 1946.
SCHWEINSBERG-REICHART, Ilse, Rednerschulung, Heidelberg 1972, 4. Aufl.
SOMMERAUER, Adolf, Das Handbuch der Predigt, Stuttgart 1973.
DAS SPRECHLEXIKON. Lehrbuch der Sprechkunde und Sprecherziehung, hrsg. von Weller M. u. M. v. G. Keienburg-Weller, Düsseldorf 1957.
STOCK, Alex, Umgang mit theologischen Texten, Zürich 1974.
STOLZ, Alban, Homiletik als Anweisung, den Armen das Evangelium zu predigen, Freiburg 1885.
TEXTOR, A. M., Sag es treffender, Reinbek 1990, 11. Aufl.
WALLNER, Alfred, Werkbuch Predigt, Graz 1989.
WELLER, Maximilian, Das Buch der Redekunst, München o.J. (Taschenbuchausgabe).
WINKLER, Christian, Deutsche Sprechkunde und Sprecherziehung, Düsseldorf 1969, 2. Aufl.
ZERFASS, Rolf, Grundkurs Predigt 1: Spruchpredigt (unter Mitarbeit von K. Roos), Düsseldorf 1989, 2. Aufl.
ZERFASS, Rolf, Lektorendienst, Trier 1979, 5. verb. Aufl.
ZULEHNER, Paul M., Pastoraltheologie Band 2. Gemeindepastoral, Düsseldorf 1989.